담론분석과
담론연구

담론분석과
담론연구

인쇄 · 2021년 11월 25일
발행 · 2021년 12월 1일

지은이 · 전 문 영
펴낸이 · 한 봉 숙
펴낸곳 · 푸른사상사

주간 · 맹문재 | 편집 · 지순이 | 교정 · 김수란, 노현정 | 마케팅 · 한정규
등록 · 1999년 7월 8일 제2-2876호
주소 · 경기도 파주시 회동길 337-16 푸른사상사
대표전화 · 031) 955-9111(2) | 팩시밀리 · 031) 955-9114
이메일 · prun21c@hanmail.net
홈페이지 · http://www.prun21c.com

이론과 비평총서 **24**

Discourse Analysis and Discourse Studies

담론분석과 담론연구

전문영 지음

이 책은 담론과 담론분석에 관한 해설서로 작성한 것이다. 담론분석이라는 용어는 미국의 언어학자 해리스(Harris)가 1952년에 발표한 「담론분석」이라는 논문에서 처음 사용하였다. 이 논문에서 그는 개별 문장 수준을 능가하는 큰 단위의 언어가 사회적 맥락에서 실제로 사용되는 언어를 담론이라고 생각하였다. 해리스의 담론분석 개념은 구체적인 맥락에서 실제로 사용되는 언어의 분석을 뜻하는 개념이다. 그러나 1970년대를 전후로 프랑스 철학자 푸코(Foucault)를 중심으로 확산된 담론분석은 일상적으로 사용되는 언어 그 자체의 분석이 아니고, 일상언어의 이면에서 작동되는 정상과 비정상, 우리와 그들, 이성적 동일자와 비이성적 타자라는 위계적 사고방식에 대한 비판적 분석을 뜻하는 개념으로 전환되었다.

그래서 담론분석 개념을 크게 보면 두 가지로 분류할 수 있다. 하나는 의사소통에 실제로 사용되는 문장보다 큰 단위의 언어분석이라는 의미의 담론분석 개념이고, 다른 하나는 우리가 사용하는 일상언어의 이면에 은폐된 경제적 차별화, 인종적 차별화, 성적 차별화 등 다양한 차별화와 불평등 및 사회적 억압에 대한 비판적 분석을 뜻하는 담론분석 개념이다. 언어분석과 언어 이면에 작동되는 불평등에 대한 비판적 분석 사이에는 질적 차이가 있다. 그러나 이러한 이질적 담론 개념의 장단점을 서로 비교하면서 각 담론 개념의 특징을 파악하려고 노력하면 담론분석을 전체적으로 이해하는 데 유익할 수도 있을 것이다. 이 책의 2장, 3장, 4장 그리고 8장, 9장은 전자에 속하고, 5장, 6장, 7장은 후자에 속한다.

제2장의 텍스트 언어학과 3장의 텍스트 분석과 논증은 모두 텍스트 언어학이라고 부르는 분야에 관련된 내용이다. 텍스트 언어학은 1970년대 후반에 출현한 언어학의 새로운 분야이다. 텍스트의 문법적 규칙은 영국의 할리데이와 하산(Halliday and Hasan), 오스트리아의 보그란데와 드레슬러(Beaugrande & Dressler) 등이 주도해왔다. 할리데이와 하산은 『영어의 응결성』(1976)에서 텍스트 구성요소들 간의 문법적 및 어휘적 결속을 체계적으로 연구하였고, 보그란데와 드레슬러는 『텍스트 언어학 개론』(1981)에서 텍스트 구성요소들 간의 논리적 짜임새, 내용상의 짜임새가 구성되는 기준을 연구하였다. 내용이 짜임새가 있다는 것, 텍스트가 텍스트답다는 것(textuality)은 작가의 의도를 독자가 이해할 수 있어야 한다는 것이다.

제4장의 대화분석(conversation analysis: CA)은 대화 이면에 은폐된 남여 간, 빈부 간 혹은 인종 간 지배종속 같은 불평등 개념을 분석하는 것이 아니라, 대화 그 자체만 분석하는 입장이다. 이 책 4장의 대화분석은 대

담론분석과 담론연구

화의 시작(openings), 대화의 순차적 진행과 발언 차례의 배정과 발언 차례 지키기 그리고 대화 끝내기(closings) 같은 모든 과정을 있는 그대로 분석하는 것이 특징이다. CA는 고프만의 사회학과 가핑클의 민속방법론의 기본상정에 토대를 둔 일상언어의 분석이다. 우리의 일상적인 언어적 상호작용에도 엄연한 질서가 있다는 고프만의 사회학적 관점과, 이러한 질서는 결국 대화에 참여한 사람들에 의해서 만들어지고 유지된다는 가핑클의 민속방법론을 배경으로 개발된 것이다.

　　푸코의 담론분석(5장)은 담론을 사회적으로 수용되는 언어 혹은 제도화된 언어라고 본다. 병원에서 통용되는 의학적 담론, 행형제도에서 통용되는 법적 담론, 정치 영역에서 통용되는 정치적 담론, 봉사단체에서 통용되는 사회윤리적 담론은 각기 고유한 담론의 규칙이 있다. 따라서 규칙에 맞는 말은 수용되고, 맞지 않는 말은 배척된다. 그래서 화자는 발화의 자율성에 상당한 제한을 받는다. 내가 주체적으로 인종차별적 언어를 선택한다기보다는 사회적 관행이 나로 하여금 인종차별적 언어를 사용하도록 호명한다는 것이다. 자신이 주체적으로 말을 한다기보다는 내가 어떻게 말하도록 제도적 관행에 의해 호명된다는 것이다. 이를 주체의 담론적 구성이라고 부른다. 푸코는 제도적 담론이 역사적 시대마다 달라지기 때문에 특정 제도적 담론의 본질은 결정불가능하다고 본다. 이는 차연 때문에 의미결정이 불가능하다는 데리다나, 기표의 사슬 아래로 기의가 끝없이 미끌어지기 때문에 결정불가능하다는 라캉의 입장과도 같은 것이다.

제6장의 비판적 담론분석(critical discourse analysis: CDA)은 1980년대 말 이후로 하나의 학파처럼 인정받게 되었다. 이 입장은 담론분석을 담론 연구라고도 부른다. CDA는 영국 랭커스터(Lancaster)대학의 페어클러프 (Fairclough)와 보닥(Wodak), 네덜란드 암스테르담(Amsterdam)대학의 반 다이 크(van Dijk) 등이 주도하고 있다. 반 다이크(van Dijk)는 담론에 대한 비판적 연구가 비판 방법보다는 비판적 관점이나 태도를 더 중요시하는 연구가 되어야 한다는 의미에서 비판적 담론분석(CDA)보다는 비판적 담론연구 (critical discourse studies: CDS)라는 표현을 선호한다. 여러 가지 차이에도 불 구하고, 페어클러프, 반 다이크, 보닥 등 비판적 담론분석가들은 언어에 의해서 생산되고 재생산되는 지배, 차별화, 권력, 통제 같은 사회 불평등 현상을 비판적으로 분석해야 한다는 학문적 관점과 목적에 있어서는 같 은 입장이다(Wodak, 1996: 204).

라클라우(Laclau)와 무페(Mouffe)의 포스트마르크스주의적 담론분석(제 7장)은 정통마르크스주의가 강조하는 경제결정론 및 본질주의와 단절한 다는 점에서 포스트(post)를 표방하고, 그럼에도 불구하고 마르크스 사상 의 핵심적 신조인 평등 이념을 재전유한다는 입장에서 마르크스주의를 계승하는 두 가지 측면을 합해서 포스트마르크스주의적 담론분석이라고 부른다. 라클라우와 무페가 정통마르크스주의를 비판할 때는 주로 데리 다의 해체철학, 푸코의 담론분석, 라캉의 정신분석과 무의식이론 등 포 스트구조주의적 관점에서 재해석한다. 다시 말해서, 사회 구성의 궁극적 근원을 경제적 토대라고 보는 정통마르크스주의를 비판할 때, 이론적 성찰의 주요 원천은 데리다의 해체철학 특히 결정불가능성 개념이고, 사회 및 인간 현상의 고정된 본질은 없고 담론적으로 구성된다는 관점은 푸코의 담론이론과 라캉의 정신분석이론의 영향을 받은 것이다.

제8장의 오스틴(Austin)은 우리의 일상언어는 약속하고, 충고하고, 칭찬하고, 사과하고, 거절하거나 요청하는 언어처럼, 일상적 화행은 발화에 어떤 행동이 수반되는 발화수반행위라는 것이고, 이러한 발화수반행위나 화행은 참/거짓과 무관하다는 것이다. 이러한 일상언어의 타당성은 진위로 나눌 수는 없고, 적절성 여부로 판단한다는 것이다. 그래서 오스틴은 우리가 진위라는 우상을 극복할 수 있을 때 비로소 일상언어의 생동감을 새롭게 인식할 수 있다고 주장한다. 설(Searle)은 오스틴의 적절성 조건을 체계화하고 구체화하였다. 예컨대, 약속화행의 적절성 조건은 ① 미래의 약속 내용을 분명히 해야 한다는 명제적 내용조건, ② 상대편이 바라는 것을 내가 할 수 있다는 것을 약속해야 한다는 예비적 조건, ③ 성실성이 있어야 한다는 진실성 조건(sincerity condition), ④ 약속 이행의 의무감이 있어야 한다는 약속화행의 본질적 조건 등이고, 이에 상응하는 네 가지 규칙도 제시하였다.

제9장은 그라이스(Grice)의 의미론을 다루었다. 그라이스는 일상적 대화 이면에 작동되는 협조의 원칙을 소개하고, 이 원칙에 맞게 모든 화자가 지켜야 할 대화의 격률을 진실하게 말하라는 질의 격률, 필요한 것만 말하라는 양의 격률, 적절한 것을 말하라는 관계의 격률, 분명하게 말하

라는 태도의 격률 등 4가지로 제시하였다. 그러나 우리는 흔히 이러한 격률을 위반해야 하는 경우도 많다. 예컨대 어떤 교수가 창조성이 꼭 필요한 직종에 지원하는 제자의 추천서를 "이 사람은 누구에게나 친절하고, 시간을 항상 엄수하고, 매우 성실한 사람입니다"라고 작성했다면, 이 교수는 꼭 필요한 것만 말하라는 격률을 위반함으로써, 자기 제자가 창조성이 없다는 뜻을 전달한 것이다. 그라이스는 발화의 명시적 내용과 암시적 내용, 외축과 함축을 구별하고, 외축(explicature)에 근거해서 함축(implicature)을 추론하는 것을 중요시한다.

이 책의 원고를 작성하는 과정에서 여러 가지로 도움을 주신 분들에게 감사의 인사를 드린다. 저자의 학위논문과 직결된 8장과 9장의 화용론과 현재 관심을 갖고 연구하는 2장과 3장의 텍스트 언어학을 제외한 나머지 부분, 특히 5장과 6장의 비판적 담론분석을 준비하는 과정에 많은 도움을 주신 분들에게 감사를 드린다. 그리고 부족한 점이 많은 이 책의 출판을 기꺼이 맡아주신 푸른사상사 한봉숙 대표님께 특별한 감사를 드리고, 수고하신 편집부에게도 감사의 인사를 드린다.

2021년 4월
지은이 전 문 영

담론분석과 담론연구

제9장 그라이스의 함축과 외축

제1장

담론 개념의 정의

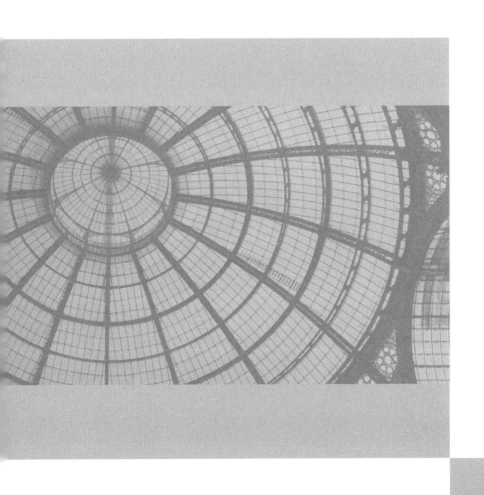

1

담론의 뜻

담론(discourse)이라는 용어는 오늘날 의학적 담론, 정치적 담론 혹은 성 담론, 환경 담론의 사례처럼 다양한 학문 영역과 주제 영역에서 널리 사용되고 있다. 일반적으로 담론은 제도적으로 수용되는 언어 혹은 사회적 상황에 맞는 언어를 뜻한다. 예컨대 같은 동아리 구성원들끼리도 노래방에서 할 수 있는 말과 그룹 스터디에서 할 수 있는 말이 다른 것처럼, 사회적 상황에 맞는 말이라야 수용될 수 있고 소통도 가능하다. 이와 같이 사회적 상황에 맞는 언어 혹은 제도적으로 수용되는 언어를 담론이라고 부른다(Cameron, 2001: 7). 따라서 경제적 담론, 윤리적 담론, 성(gender) 담론 등은 각기 관련된 사회나 공동체에서 통용되고 제도적으로 수용되는 언어를 뜻한다.

예컨대, 사회정의의 궁극적 본질도 관점에 따라 달라진다. 어떤 사람들은 자유경쟁이 사회정의라고 주장하고, 어떤 사람들은 희소자원의 평등한 배분이 사회정의라고 주장할 것이다. 그러나 우리는 희소자원의 쟁

취를 위한 자유경쟁과 평등한 분배 중 어느 쪽이 진정한 사회정의인지를 잘 모른다. 보수적 우파는 자유경쟁을 존중하는 것이 사회정의라고 주장하고, 진보적 좌파는 평등한 분배가 사회정의라고 주장할 것이다. 우리는 선행의 궁극적 본질을 설명하기도 어렵다. 선행과 악행은 행위의 본질을 뜻하는 개념이 아니기 때문이다. 같은 행동도 관점에 따라 선행이 될 수도 있고, 악행으로 해석되기도 한다. 예컨대 2001년 9월 11일, 이슬람 극단주의 세력인 알카에다(al-Qaeda)와 깊이 관련된 사람들이 항공기를 납치하여 자본주의의 상징과도 같은 뉴욕 맨해튼의 세계무역센터를 공격한 사건은 많은 희생자를 낸 반인륜적 만행이었다. 따라서 서방 언론은 이들 알카에다를 테러리스트라고 부른다. 그러나 이슬람 문화권에서는 이들을 오히려 자유의 투사(freedom fighters)라고 부르기도 한다. 같은 사람들을 한쪽에서는 테러리스트라고 부르고, 다른 쪽에서는 자유의 투사라고 부르는 것이다.

선한 행동과 악한 행동이 따로 있는 것이 아니라, 같은 행동도 보는 관점에 따라 선행 혹은 악행이라고 달리 해석할 수밖에 없는 경우가 많다는 것이다. 선행과 악행의 보편적 본질을 모르기 때문에, 같은 행동을 선행 혹은 악행이라고 사회마다 달리 해석하고 다르게 구성하는 것이다. 우리가 민주주의의 본질을 잘 모르기 때문에, 민주적 사회가 어떠해야 하는가를 서로 다른 이데올로기적 담론을 통해 자의적으로 구성하는 것이다. 이러한 가설적 구성이 설득력을 얻기 위해서는 제도적으로 통용되는 언어로 표현해야 한다. 우리가 윤리의 본질을 모르기 때문에, 어떤 행동이 선행 혹은 악행인가를 그 사회의 윤리제도가 수용하는 언어를 통해 구성하고, 우리가 정신병리의 궁극적 본질을 모르기 때문에, 광기(madness)가 무엇인가를 의료제도에서 수용되는 언어로 구성하는 것이다. 이와 같이 제도적으로 통용되고 수용되는 언어, 다시 말해서 제도화된 언어를 담론이라고 부른다(Jorgensen and Phillups, 2002: 1). 우리가 실재의 본질을 모르기 때문에, 실재의 본질을 시대와 사회에 따라 담론적으로 달리 구성하는 것이다.

니체(Nietzsche)도 "사실의 존재를 인정하지 않고, 사실에 대한 다양한 해석이 있을 뿐이다"라고 주장한다(Best and Kellner, 1991: 39). 니체의 이러한 입장을 관점주의(perspectivism)라고 부른다. 다시 말해서 사회현상이든 종교문제든 혹은 윤리적 현상이든 우리는 현상의 궁극적 본질은 알 수 없고, 여러 관점에서 다양하게 해석할 수 있을 뿐이다. 이러한 관점주의는 궁극적 본질이나 근원을 부정하는 입장이기 때문에 반근원주의 철학이라고 한다. 모든 유형의 근원주의를 거부하는 반근원주의적 입장에서 보면, 지식이나 진리의 객관적이고 보편적인 본질 같은 것은 있을 수 없다. 학문적 지식이나 진리도 끊임없이 달라지기 때문에 보편적으로 타당한 절대적 지식 혹은 절대적 진리라고 볼 수 없다는 것이다. 자연과학의 지식이나 진리도 우주적 실재의 여실한 재현이 아니라, 시대마다 그 시대 고유의 과학적 담론을 통해서 사회적으로 구성된 것이다.

푸코(Foucault)도 객관적이고 보편타당한 지식의 존재를 인정하지 않는다. 그래서 푸코는 지식 혹은 진리가 무엇인가를 묻기보다는 지식이나 진리가 어떻게 구성되는가를 묻는다. 그는 진리의 내용에 관심이 있는 것이 아니라, 진리가 구성되는 방식, 무엇이 진리를 구성하고 누가 지식을 규정하는가에 관심을 집중한다. 모든 유형의 근원주의를 거부하는 푸코의 인식론은 절대적 진리, 선험적 주체, 보편적 본질 같은 것을 전면적으로 거부한다. 그러나 이는 지식이나 진리가 없고 주체도 없다는 것이 아니라, 오히려 진리나 지식 및 주체는 역사적 시대마다 그 시대 고유의 제도화된 언어를 통해서 사회적으로 구성된다는 입장이다. 이러한 관점에서 보면 정상과 비정상, 아름다움과 추함, 진리와 허위를 구별하는 절대적인 기준 같은 것은 없고, 진리와 허위를 구별하는 기준이 있다고 하면, 그러한 기준은 시대마다 그 시대 고유의 언어적 실천을 통해서 사회적으로 구성되는 것이다. 여기서 언어는 현실적 제도를 통해서 사회적으로 실천되는 언어를 뜻한다. 개인의 자의적 언어가 아니다. 푸코는 이와 같이 사회적으로 실천되는 언어 혹은 제도적으로 실천되는 언어를 담론이라고 부른다. 따라서 담론은 실재를 여실히 재현하는 것이 아니라, 담론이 오히려 실재를 사회적으로 구성하는 것이다(Fairclough, 2003: 129).

요컨대, 관심의 대상이 사물이든 인간이든 사회든, 우리가 대상의 궁극적 본질을 모르기 때문에, 언어를 통해서 대상의 본질을 사회적으로 구성하고 만들어내는 것이다. 내 마음대로 구성하는 것이 아니라, 사회나 제도에서 수용될 수 있는 담론을 통해서 구성하는 것이다. 예컨대, 우리가 광기나 범행의 궁극적 본질을 모르기 때문에, 의료제도나 법률제도에서 통용되는 언어인 의학적 담론이나 법률적 담론을 통해서 광기나 범행이 무엇인가를 사회적으로 구성한다는 것이다. 따라서 푸코도 사실 그 자체를 알려는 것이 아니라, 사실에 대한 시대별 다양한 담론을 분석하는 것이 특징이다(1972: 47-48). 요컨대, 우리가 알려고 하는 대상의 궁극적 본질을 모르기 때문에, 제도적으로 통용되는 언어인 담론을 통해서 대상이 무엇인가를 해석하고 사회적으로 구성하는 것이다. 따라서 담론은 대상을 여실히 반영하는 것이 아니라, 대상을 구성(construction)해서 나타내는 언어적 실천이다(Foucault, 1972: 49). 정치적 담론이든, 경제적 담론이든, 교육적 담론이든, 문화적 담론이든 혹은 종교적 담론이든 모든 담론은 실재 그 자체를 여실히 반영하는 것이 아니라, 담론이 오히려 대상 혹은 실재를 사회적으로 구성하는 것이다. 요컨대, 우리가 실재의 궁극적 본질을 모르기 때문에, 실재가 무엇인가를 해석하고 구성하기 위해 담론 개념을 도입한 것이다.

2
담론, 담화, 텍스트

실제로 담론이나 담론분석이라는 용어도 학파에 따라 다른 의미로 사용되기도 한다. 우선 삭스(Sacks), 세글로프(Schegloff), 제퍼슨(Jefferson) 등이 주도하는 대화분석(conversation analysis)의 경우는 대화 그 자체 혹은 언어 그 자체를 분석한다. 따라서 대화분석에서 담론은 언어적 대화를 뜻한다. 다른 한편, 담론분석을 대화 그 자체 혹은 언어 그 자체의 분석이 아니라, 대화의 이면에 은폐된 인종차별, 계급적 차별 혹은 성차별(gender segregation)을 비롯한 다양한 사회적 불평등에 대한 비판적 분석의 의미로 사용하는 경우도 많다. 담론을 언어의 이면에서 작동되는 이러한 불평등에 대한 비판적 분석으로 생각하는 관점은, 예컨대 페어클러프(Fairclough), 반 다이크(van Dijk), 보닥(Wodak) 등이 주도하는 비판적 담론분석이나 라클라우(Laclau)와 무페(Mouffe)의 포스트마르크스주의적 담론분석에서 일반적인 관행이다.

분석의 대상이 삭스, 세글로프, 제퍼슨의 연구처럼 일상적으로 사용하는 언어 그 자체인 경우에는 담화(談話)라는 용어가 더 적절한 번역이고, 페어클러프, 반 다이크, 보닥 등의 연구처럼 분석의 대상이 언어 그 자체가 아니라 언어 이면에 은폐된 지배종속관계나 권력현상인 경우에는 담화보다는 담론(談論)이라는 용어가 더 어울리는 번역일 것 같다. 그러나 실제로는 전자와 후자를 가리지 않고, "discourse"를 어떤 학자는 담화로 번역하고(이원표, 2015), 어떤 학자는 담론으로 번역한다(이기형, 2006; 신동일, 2018). 합의된 번역용어로 통일될 수 없는 현실은 아쉬우나, 번역은 원리의 문제가 아니라 약속해서 정하는 약정의 문제이기 때문에, 어느 쪽 번역이 더 타당하다고 우길 수는 없다. 어떻든 담화와 담론 혹은 담화분석과 담론분석이라는 표현이 동의어처럼 사용되고 있는 것이 현실이고 엄연한 하나의 관행이다. 여기서는 편의상 담화보다는 담론, 담화분석보다는 담론분석이라는 표현을 사용하기로 한다.

그뿐만 아니라, 담론분석에 관련된 논의에서 우리는 담론과 텍스트라는 용어를 자주 접하게 된다. 담론과 텍스트는 실제로 동의어처럼 사용되고 있으나, 이들 두 용어를 구별해야 한다는 입장도 있다. 전통적으로는 소설, 영화 대본, 도로 표지판, 연설문, 텔레비전 광고, 교과서처럼 읽을 수 있도록 쓰인 자료는 텍스트(text)라 부르고, 대화, 인터뷰, 해설, 연설 같은 것은 담론(discourse)이라고 구별하기도 한다(Coulthard, 1985; Stubbs, 1983). 그러나 최근의 텔레비전 광고는 글로 쓰여진 언어뿐만 아니라, 여러 가지 기호나 음향효과와 같은 요소까지 종합되어 광고효과에 기여할 뿐만 아니라, 광고 담론 또한 그 나름의 사회적 코드에 따르고 있다. 이와 같이 담론과 텍스트 사이에 분명한 차이를 찾기 어렵기 때문에, 일반적으로 담론과 텍스트를 동의어처럼 사용한다(Chimombo & Roseberry, 1998: 13).

실제로 "언어학에서는 통합된 전체로서의 의미를 전달하는 언어는 그것이 글이든 말이든, 길든 짧든, 모두 담론 혹은 텍스트라는 용어를 사용할 수 있다"(Halliday & Hasan, 1976: 1)는 주장이 폭넓게 수용되고 있다. 그러나 문맥에 따라 언어가 사회적 제약을 벗어나기 어렵다는 점을 강조할 때는 텍스트보다는 담론이 더 바람직하다. 그러나 언어 사용에서는 형식의 짜임새와 내용의 짜임새 같은 짜임새(texture)가 효율적 의사소통을 위해 더욱 중요하다는 점을 강조하는 문맥에서는 담론보다는 텍스트라는 표현이 더 자연스럽게 수용될 수 있을 것이다. 이와 같이 서로 다른 언어관행이 공존하는 현실을 고려하면서 여기서는 우리도 이러한 관행을 따라 담론과 텍스트를 동의어처럼 사용하기로 한다.

3
언어학의 담론 개념

언어학에서 담론의 의미는 담론이라는 용어가 사용되는 문맥에 따라 달라지긴 하지만, 크게 보면 대체로 두 가지 의미로 사용되고 있다. 언어학에는 언어의 형식 혹은 구조를 중요시하는 형식주의(formalism)와 의사소통 기능을 중요시하는 기능주의(functionalism)라는 두 가지 패러다임이 있다. 이들 두 패러다임의 차이가 담론 개념의 정의에도 영향을 미친다. 형식주의적 관점에서는 "개별 문장보다 큰 단위의 언어(language above the sentence)"를 담론으로 정의하고, 기능주의적 관점에서는 의사소통에 "실제로 사용되는 언어(language in use)"를 담론이라고 정의한다(Cameron, 2001: 10-13). 전자는 언어의 형식과 구조를 중요시하고, 후자는 언어의 내용과 기능을 중요시하는 담론 개념이다.

담론과 담론분석이라는 용어는 원래 미국의 구조언어학자 해리스(Zellig Harris)가 1952년에 발표한 「담론분석(Discourse Analysis)」이라는 논문에서 처음으로 사용하였다(Alba-Juez, 2009: 13). 이 논문에서 그는 여러 문장이

결합되어 개별 문장 수준을 능가하는 큰 단위의 언어를 담론이라고 정의하였다. 한편, 영국의 기능주의 언어학자 할리데이(Michael Halliday)는 언어의 구조적 형식보다는 의사소통의 기능에 착안하여 일상적 의사소통에 실제로 사용되는 언어를 담론이라고 정의한다. 브라운과 율(Brown & Yule)도 의사소통에 "실제로 사용되는 언어(language in use)"를 담론이라고 정의한다(1983). 요컨대, 언어학의 담론 개념은 개별 문장보다 큰 단위의 언어를 뜻하는 담론 개념과 일상적 의사소통에 실제로 사용되는 언어를 지칭하는 담론 개념으로 요약할 수 있다.

결국 언어학의 담론 개념은 형식과 구조를 강조하는 측면도 있고, 내용과 기능을 중요시하는 측면도 있다. 이상과 같이 형식과 내용, 구조와 기능을 대조적으로 분리해서 파악하는 것이 분석적으로 유용할 수 있으나, 언어의 실제적 사용에 있어서는 두 차원을 분리하는 것이 거의 불가능하다. 언어의 경우, 구조적 형식 없이 의사소통의 내용이 제대로 전달되기 어렵고, 내용 없는 형식은 무의미하기 때문이다(Fairclough, 1995: 57). 따라서 언어학의 두 가지 담론 개념인 형식주의적 담론 개념과 기능주의적 담론 개념이 처음에는 독자적으로 발전하였으나, 이제 두 차원이 상호보완적 관계로 통합되어 사용되는 것이 지배적 추세이다(Cameron, 2001; Schiffrin, 1994).

4

사회과학의 담론 개념

언어학의 담론 개념은 대화분석(conversation analysis)에서 분석 대상으로 삼는 전화 통화, 교사와 학생 간의 대화, 상담자와 내담자 간의 대화, 의사와 환자 간의 대화 혹은 이웃이나 친구 간의 자연스러운 대화 같은 일상적인 의사소통에 사용되는 언어 그 자체를 뜻한다. 이와 대조적으로, 사회과학의 담론 개념은 이러한 일상언어를 통해서 생산되고 재생산되는 인종적 지배종속, 성적 지배종속, 계급적 지배종속 같은 사회적 지배종속관계와 권력관계 및 사회적 불평등을 비판적으로 분석하고 폭로하는 데 주된 관심이 있다. 다시 말해서, 사회과학의 담론 개념은 사회적 불평등의 유지 존속에 미치는 담론의 역할을 비판적으로 분석하는 것이 특징이다(Wooffitt, 2005: 145). 요컨대, 언어학의 담론분석은 의사소통에 사용되는 언어의 형식과 내용을 분석하고, 사회과학적 담론분석은 이러한 일상언어를 통해 생산되고 재생산되는 지배종속관계와 권력관계 및 다양한 차원의 사회적 불평등(social inequality)을 분석하는 것이 특징이라 할 수 있다(Fairclough, 1995: 54).

언어학의 담론 개념과 담론분석은 의사소통에 실제로 사용되는 일상언어는 중요시하면서도 일상언어 이면에 은폐되거나 언어에 체현될 수 있는 성적 이데올로기, 인종적 이데올로기, 정치적 이데올로기, 문화적 이데올로기에 대한 비판적 관심이 부족하다는 것이 한계이다. 예컨대 이슬람권의 반미(反美) 이데올로기가 어떤 화자들로 하여금 테러리스트를 '자유의 투사'로 부르도록 세뇌시킬 수 있다면, 이는 반미 이데올로기가 어떤 화자들로 하여금 테러리스트를 '자유의 투사'로 부르도록 유도하고 호명(interpellation)한 셈이고, 이에 부응한 화자들은 이데올로기적 담론의 호명을 받았기 때문에, 자발적으로 그러한 용어를 선택한 자율적 발화의 주체로 볼 수가 없다. 따라서 광고 담론, 종교적 담론, 정치적 담론, 인종적 담론 등 다양한 담론에 체현된 이데올로기에 대한 비판적 안목이 없는 언어학적 담론 이론은 모든 화자를 자율적 주체로 착각한다고 볼 수도 있다. 사회과학의 담론 개념은 제도적 담론이 우리의 자율성을 제약할 수 있다는 사실을 강조함으로써 언어학적 담론 이론의 이러한 한계성을 극복하려는 것이 특징이다.

프랑스의 철학자 푸코는 언어학의 담론 개념을 수정보완하여 사회과학적 담론 개념으로 전환시킨 주도적 역할을 수행하였다. 그는 광기(insanity)나 범행 같은 구체적 주제에 관련된 이론적 및 경험적 연구를 통해 담론분석의 발전에 주도적 역할을 수행하였다. 그래서 대부분의 사회과학적 담론 이론은 푸코의 담론 이론에 근거한다고 할 수 있다(Jorgensen & Phillips, 2002: 12-13). 푸코의 공로는 의사소통에 사용되는 언어분석에 치중하던 언어학적 담론 개념의 순진성을 비판하고, 언어 이면의 권력관계나 지배종속관계 혹은 언어 이면의 이데올로기 비판으로 전환시킨 것이 특징이다. 현실적으로 사회에는 빈부 간의 지배종속뿐만 아니라 인종 간, 성별 간, 종교 간, 민족 간의 지배종속 등 다양하게 작동되고 있다. 마르크스주의가 경제적 지배종속의 비판에 치중하는 데 비하여, 푸코는 모든 유형의 지배종속, 모든 유형의 불평등을 비판하는 것이 특징이다. 그래서 푸코는 이러한 다양한 지배종속관계나 권력관계를 오직 계급권력으로 환원하는 마르크스주의 이데올로기 이론의 편협한 계급 환원론이나 경제 결정론에 대해서는 비판적이지만, 푸코도 언어와 이데올로기 혹은 담론과 이데올로기는 불가분의 관계에 있다고 본다. 푸코의 이러한 측면은 마르크스주의의 비판적 입장과 크게 다를 바 없다(Hall, 2001: 75-76).

푸코의 담론 개념은 말하는 것과 행하는 것, 언어와 실천 간의 전통적 구분을 극복하려는 실천적 언어 개념이기 때문에, 그의 담론 개념은 그냥 언어학적 개념과는 다르다(Hall, 2001: 72). 푸코의 담론 개념은 제도적으로 실천되는 언어이고, 제도 영역마다 말할 수 있는 것과 말할 수 없는 것을 규정하는 영역 고유의 암묵적 규칙이 있다고 본다. 이와 같이 제도적으로 수용되고 통용되는 언어, 제도화된 언어를 담론이라고 한다. 예컨대, 병원 같은 의료제도를 통해서 의학적 담론이, 교회 같은 구체적 제도를 통해서 종교적 담론이, 정당 같은 정치적 제도를 통해서 정치적 담론이 형성되고 실천되기 때문에, 담론은 제도적으로 통용되는 언어 혹은 제도화된 언어(institutionalized language)를 지칭하는 개념이다. 제도적 실천이라는 것은 항상 구체적 상황에서 전개되기 때문에, 담론을 "사회적 상황에 맞는 언어 사용(socially situated language-use)"이라고 정의할 수도 있다(Cameron, 2001: 7).

여기서 중요한 것은 담론이 대상을 여실히 재현하는 것이 아니라, 오히려 대상이 담론에 의하여 구성된다는 것이다. 푸코의 이러한 관점을 사회적 구성주의(constructionism)라고 한다. 과학적 담론이 우주적 실재를 객관적으로 나타내는 것이 아니라, 오히려 과학적 담론이 우주적 실재를 구성한다는 것이다. 따라서 대상에 대한 우리의 앎은 객관적인 것이 아니라, 우리로 하여금 대상을 특정 방식으로 인식하고 구성하도록 하는 주체 외부의 담론적 실천의 산물이라는 것이다. 결국, 담론은 지식을 구성하고, 권력관계를 구성하며, 의미를 구성하고, 주체성도 구성하기 때문에, 담론이 모든 것을 구성하는 것이다. 담론이 모든 것을 구성한다는 주장은, 언어 밖에는 아무 것도 없다거나 "담론 밖에는 아무 것도 없다"(nothing exists outside of discourse)는 말이 아니라, "담론을 통해서만 모든 것이 의미를 갖게 된다"(nothing has any meaning outside of discourse)는 사실을 강조하는 표현이다(Hall, 2001: 73).

5
담론 개념의 요약

　담론 개념을 크게 보면, 언어학에서 사용되는 담론 개념과 사회과학의 담론 개념으로 나눌 수 있다.

　언어학의 담론 개념은 원래 개별 문장보다 큰 단위의 언어(language above the sentence)를 뜻하는 담론 개념과 의사소통에 실제로 사용되는 언어(language in use)를 뜻하는 담론 개념으로 분리되어 존재했으나, 오늘날은 이 두 가지 개념이 통합되어 사용되고 있다. 다시 말해서, 언어학의 담론은 의사소통에 실제로 사용되는 문장보다 큰 단위의 언어를 뜻하는 개념으로 통용되고 있다. 우리가 의사소통을 위해 사용하는 일상언어의 단위는 대체로 문장이 아니라 문장들이 연결된 담론이기 때문에 담론 개념 안에 개별 문장보다 큰 단위의 언어라는 뜻과 의사소통에 실제로 사용되는 언어라는 의미가 통합된 것이다. 결국 언어학에서 사용되는 담론 개념은 일상언어와 거의 같은 뜻이고, 언어학에서 담론분석은 일상언어 분석과 거의 같은 뜻이다.

그러나 사회과학의 담론 개념은 그 뜻이 전혀 다르다. 사회과학에서는 우리가 일상적으로 사용하는 언어의 이면에 사회적 불평등이 은폐되어 있다고 본다. 물론 언어 이면에 은폐된 것이 불평등 이데올로기만은 아니다. 상품의 소비 욕구를 조장하려는 의도도 있고, 선거에 출마한 후보자가 자기 이미지를 내면화시키려는 등 다양한 의도가 체현되어 있기 때문이다. 그러나 사화과학에서는 사회적 갈등을 부추기는 가장 심각한 이데올로기가 불평등 이데올로기라고 본다.

여기서 불평등, 지배종속, 차별화, 권력관계 같은 표현은 사용되는 문맥에 따라 약간의 뉘앙스가 있을 뿐, 모두 같은 뜻으로 통용되는 용어들이다. 요컨대, 사회과학에서는 사회적 불평등과 사회적 지배종속을 생산하고 재생산하는 언어를 담론(discourse)이라 부르고, 이러한 불평등과 지배종속을 비판적으로 분석하는 연구를 담론분석(discourse analysis)이라고 부른다.

마르크스주의(Marxism)는 사회에 다양한 불평등이 존재하지만, 여러 가지 불평등의 궁극적인 근원은 결국 경제적 불평등이고 계급 불평등이라고 본다. 이를 경제 결정론 혹은 계급 환원론(class reductionism)이라고 부른다. 푸코를 비롯한 최근의 포스트구조주의적 비판이론가들은 이러한 근원주의에 대해 비판적이다. 각 제도 영역의 고유성, 차이 및 이질성을 강조하는 포스트구조주의적 비판이론가들은 어느 한 특정 영역의 불평등이 가장 중요하다고 보는 것이 아니라, 경제적 불평등이 가장 절박할 때도 있지만, 시대에 따라서는 1970년대 미국의 경우처럼 성적·인종적 불평등이 가장 중요하게 부각되기도 하고, 종교적 불평등 같은 것이

경제적 불평등보다 더 심각한 쟁점으로 부각되는 경우도 있다는 것이다
(Jorgensen and Phillups, 2002: 12-13).

제2장

텍스트 언어학

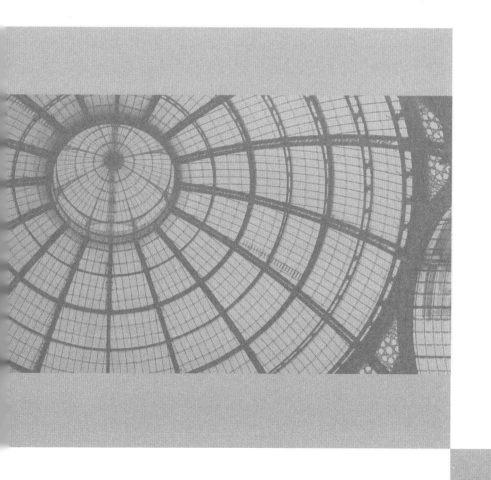

텍스트 언어학의 출현

우리가 의사소통을 할 때 하나의 문장을 표현수단으로 삼을 수도 있지만, 일반적으로는 개별 문장이 아니라 여러 문장이 연결된 담론을 사용해서 소통하는 경우가 많다. 하나의 문장에 주어, 동사, 목적어, 보어 같은 내적 구조가 있는 것처럼, 여러 문장이 연결된 담론이나 텍스트(text)에도 나름의 문법적 구조가 있다고 볼 수 있다. 문장 중심의 문법만으로는 의사소통의 전모를 밝힐 수 없기 때문에 문장 중심에서 벗어나, 이제는 담론 중심으로 언어학 연구의 초점이 전환된 것이다. 다시 말해서, 현대 언어학은 문장(sentence) 중심의 관점에서 담론(discourse) 중심 혹은 텍스트 중심의 관점으로 전환되고, 추상적이고 이상적인 문장에 관한 문법적 연구의 한계성을 극복하고, 현실적이고 구체적인 맥락에서 실제로 사용되는 담론 혹은 텍스트의 문법적 구조연구로 전환되는 경향이다(van Dijk & Kitsch, 1983: 2). 요컨대, 현대 언어학에서 연구가 가장 활발한 분야는 개별 문장보다 더 큰 담론이나 텍스트의 문법적 구조를 연구하는 분야이고, 이 연구 분야를 텍스트 언어학, 텍스트 문법 혹은 담론 문법이라고 부른다.

텍스트 언어학(text linguistics)은 1970년대에 출현한 언어학 연구의 새로운 분야이다. 담론 개념과 담론분석이 출현한 이후부터는 언어학의 연구 경향도 문장 중심의 통사론적 관점보다는 담론 중심의 관점으로 전환되고 있다. 담론과 텍스트를 동의어처럼 사용하기 때문에, 문장에서 담론으로의 전환을 문장에서 텍스트로의 전환이라고도 부른다. 문장 구성에 필요한 생성문법(generative grammar)을 촘스키(Chomsky)와 그 지지자들이 주도한 것처럼, 담론과 텍스트 구성에 필요한 일련의 문법적 규칙은 네덜란드 출신의 텍스트 언어학자이면서 비판적 담론분석학자인 반 다이크(van Dijk), 영국의 할리데이와 하산(Halliday & Hasan), 오스트리아 비엔나대학의 보그란데와 드레슬러(Beaugrande & Dressler) 등이 주도해왔다. 특히 반 다이크의 학위논문인 「텍스트 문법의 어떤 측면(Some Aspects of Text Grammar)」(1972)과 「담론에서 기능적 응집성의 의미론과 화용론(The semantics and pragmatics of functional coherence in discourse)」(1980)을 비롯해서, 할리데이와 하산의 『영어의 응결성(Cohesion in English)』(1976), 보그란데와 드레슬러의 『텍스트 언어학 개론(Introduction to text linguistics)』(1981) 등은 텍스트 언어학의 실질적 내용 구성과 텍스트다움의 자질(features of textuality)을 밝히는 데 크게 기여하였다.

요컨대, 텍스트 언어학은 문장의 문법적 구조를 설득력 있게 설명한 촘스키의 생성문법을 담론과 텍스트에 적용하려는 언어학의 새로운 분야이다. 그러나 촘스키의 생성문법이 문장의 구조는 설명할 수 있어도,

담론이나 텍스트의 문법적 구조를 설명할 수는 없기 때문에, 텍스트 언어학에서는 촘스키의 연구에 자극을 받아 담론 구조 혹은 텍스트 구조를 설명할 수 있는 이른바 "생성적 텍스트 문법(generative text grammar)"의 가능성을 연구한다(van Dijk, 2004: 2). 따라서 텍스트 언어학, 텍스트 문법 혹은 담론 문법의 핵심은 우선 텍스트의 문법적 구조를 설명하는 것이고, 궁극적으로는 이러한 짜임새 있는 구조를 통해서, 짜임새 있는 내용의 글, 짜임새 있는 담론 혹은 텍스트를 형성해서 의사소통의 효율성을 높이려는 것이다. 다시 말해서, 텍스트 언어학은 담론 혹은 텍스트의 통사론적 구조를 연구해서 결국은 글다운 글, 말다운 말, 텍스트다운 텍스트, 즉 텍스트성(textuality)을 구성하는 핵심적 자질이 무엇인가를 연구하는 언어학의 새로운 분야라 할 수 있다(van Dijk, 2004).

텍스트 언어학 영역에서 이론적 배경으로 널리 활용되고 있는 두 가지 대표적 연구 중 하나는 할리데이와 하산의『영어의 응결성』(1976)이고, 다른 하나는 보그란데와 드레슬러의『텍스트 언어학 개론』(1981)이다. 할리데이와 하산의『영어의 응결성』은 언어의 표면구조를 결정하는 응결성(cohesion)과 응결 장치(cohesive device)의 분류학에 관한 체계적 이론이다. 보그란데와 드레슬러의『텍스트 언어학 개론』은 응결성과 응집성을 비롯해서 작가의 의도성, 독자의 수용성, 사용자에게 필요한 정보성, 상황성 및 상호텍스트성 등 텍스트성의 7가지 기준을 포괄적으로 제시한 획기적인 연구라 할 수 있다.

2
응결성과 응집성

응결성(cohesion)과 응집성(coherence)은 유사한 것 같아도, 실제로 텍스트 언어학에서 전혀 다른 뜻으로 사용된다. 응결성(cohesion)은 텍스트 구성요소들이 문법적·어휘론적으로 잘 짜여진 구조적 연결성을 뜻하고, 응집성(coherence)은 독자가 이해할 수 있도록 잘 짜여진 텍스트의 의미론적 연결성을 뜻한다. 문법적 짜임새와 의미의 짜임새를 각기 응결성과 응집성이라고 부르는 것은 이해하기 어려운 용어의 도입이지만, 그럼에도 불구하고 이 두 용어가 텍스트 언어학에서 가장 중요한 기본개념으로 통용되기 때문에, 구별해서 사용하는 관행에 적응해야 한다. 문법적 어휘적 연결성을 뜻하는 응결성은 텍스트의 표면에 드러나는 표면구조이고 따라서 객관적 개념이다. 그러나 독자의 이해 가능성과 텍스트의 질(text quality)을 뜻하는 응집성은 표면에 드러나지 않는 심층적 구조이고 독자마다 배경지식이 다르기 때문에 응집성은 주관적 개념이다(Spooren & Sanders, 2008: 2004).

전통적으로, 언어학자들은 텍스트 구성요소들 간의 연결성을 설명하기 위해 텍스트 표면의 문법적 구조의 연결성을 중점적으로 연구해왔다. 할리데이와 하산이 『영어의 응결성(*Cohesion in English*)』(1976)에서 분석한 것도 지시(reference), 치환(substitution), 생략(ellipsis), 접속사(conjunction) 그리고 어휘적 결속 같은 명시적 결속장치에 의해서 담론 구성요소들이 연결되는 응결성의 원리를 연구한 것이다. 그들은 "정보 사항들(items of information) 사이에 존재하는 결속관계(cohesive relation)를 통해서 텍스트의 짜임새(texture)가 결정된다"(1976:2)고 보기 때문에, 할리데이와 하산은 응결성을 의미론적 개념이라고 본다. 비록 그들이 응결성과 응집성 간에 차이가 있다는 사실은 인정했지만(1976:229), 그들은 텍스트 구성에 가장 중요한 요인으로 응결 장치(cohesive devices)의 역할에만 초점을 두었는데, 이 점이 할리데이와 하산의 응결성 이론의 약점이다.

그럼에도 불구하고, 할리데이와 하산의 『영어의 응결성』(1976)이 출판된 후, 응결성(cohesion)과 결속장치 개념은 체계적으로 분석되고 연구되어 왔으나, 응집성(coherence) 개념은 불분명하고 구체성이 없기 때문에 체계적 연구가 부족한 것이 현실이다. 응결성이 텍스트 자체의 구조라면, 응집성은 텍스트와 텍스트 사용자 간 상호작용의 산물이고, 응결성이 텍스트 표면의 구조적 관계라면, 응집성은 텍스트 이면의 내용을 뜻하고, 응결성이 객관적 개념이라면, 응집성은 주관적 개념이다. 그뿐만 아니라, 응결성이 형식에 초점을 둔 개념이라면, 응집성은 의미에 초점을 둔 개념이고, 텍스트의 응결성 분석은 텍스트의 문법적 및 어휘적 결속 관계를 분석함으로써 가능하나, 응집성은 그 자체가 주관적이고 비가시적

일 뿐만 아니라, 응집성을 분석하기 위해서는 텍스트 내용과 독자의 배경지식 간의 상호작용도 고려해야 하는 어려움 때문에, 그동안 응결성 연구는 환영받고 응집성 연구는 환영받지 못했다(Bublitz, 2011: 38-46).

그러나 응결성 분석이 아무리 현실적 접근 가능성이 높고 환영할 만하다고 해도, 응결성 분석만으로 해결할 수 없는 문제가 있다. 이러한 문제 중 가장 중요한 것은 작문의 질(writing quality)을 높이는 문제이고, 이는 곧 응집성을 높이는 문제라 할 수 있다(Witte & Faigley, 1981: 199). 이론적 입장에 따라서는 응결성이 응집성의 필요조건이기 때문에 응결성이 가장 중요하다고 보는 입장도 있으나(Halliday & Hasan, 1976), 응결성과 응집성은 서로 무관한 독립된 개념이라고 보는 입장도 많다(Beaugrande & Dressler, 1981; Widdowson, 1978). 다시 말해서, 응결성이 응집성의 전제조건이라는 주장을 비판하면서, 응결성과 결속장치 없이도 응집성이 있을 수 있다는 사실을 입증하는 사례도 많다. 아래의 예문은 그 대표적 사례이다(Widdowson, 1978: 29).

A: That's the telephone

B: I'm in the bath.

A: O.K.

이 대화를 통해서 우리는 응결장치가 전혀 없지만 독자가 이해할 수 있을 정도로 충분한 응집성이 있다는 사실을 알 수 있다. 텍스트에 명시적 결속성(overt cohesion)은 없지만, 독자가 읽고 해석할 때는 암묵적 결속

(covert connection)을 추론할 수 있기 때문이다. 우리가 "That's the telephone"이라는 A의 발화를 들음과 동시에 "Can you answer it, please?"라는 암묵적 결속을 연상하고, "I'm in the bath"라는 B의 발화 바로 앞에 "No, I can't answer it because"가 생략되었다고 직감한다는 것이다. 다시 말해서, 텍스트에 명시적 결속장치가 없어도, 텍스트와 독자의 배경지식 간의 상호작용을 통해서 응집성이 형성되기 때문에, 표면적인 결속장치가 없는 경우에도 텍스트의 전체적 의미 내용을 파악할 수 있다는 것이다(Fulcher, 1989: 148).

3
문법적 결속

보그란데와 드레슬러의 『텍스트 언어학 개론(*Introduction to text linguistics*)』
(1981)은 텍스트다운 텍스트가 갖추어야 할 텍스트성(textuality)의 기준으
로 응결성, 응집성, 의도성, 수용성, 정보성, 상황성 및 상호텍스트성 등
을 포괄적으로 제시하고, 특히 응결성과 응집성의 차이를 명백히 구별
하였다. 이와 대조적으로, 할리데이와 하산의 『영어의 응결성(*Cohesion in English*)』(1976)은 응결성과 응집성을 체계적으로 구분하지도 않았고, 이 책
전체를 주로 영어의 응결성 연구에 집중하였다. 보그란데와 드레슬러의
이론은 텍스트성의 7가지 기준을 체계적으로 제시한 포괄적 이론인 데
비하여, 할리데이와 하산의 이론은 응결성과 결속장치의 분류학(taxonomy
of cohesive ties)을 정교화하는 데 치중한 연구였다.

그러나 할리데이와 하산의 응결성 개념은 아주 구체적이다. 예컨대,
"Wash and core six cooking apples. Put them into a fireproof dish."라는 예
문에서, 둘째 문장의 'them'은 첫째 문장의 'six cooking apples'를 지시한

다. 다시 말해서, 'them'은 앞 문장에 있는 것을 지시한다. 이러한 지시를 전방조응(anaphoric)이라고 한다. 여기서 'them'이 앞에 있는 'six cooking apples'를 지시하는 문법적 기능 혹은 전방조응 기능을 수행하기 때문에 두 문장이 연결되어 응결성(cohesion)이 있는 하나의 텍스트로 구성되는 것이다(Halliday & Hasan, 1976: 2). 여기서 'them'은 앞뒤 문장을 연결시킨 도구 혹은 장치이기 때문에 연결장치 혹은 결속장치(cohesive device)라고 부른다. 할리데이와 하산은 텍스트 구성요소들 간의 결속장치를 문법적 결속(grammatical cohesion)과 어휘적 결속(lexical cohesion)으로 구분했는데, 문법적 결속에는 ① 지시(reference), ② 치환(substitution), ③ 생략(ellipsis), ④ 접속사(conjunction) 등이 포함되고, 어휘적 결속에는 ⑤ 반복(reiteration)과 ⑥ 연어(collocation) 두 유형이 있다는 것이다. 여기서는 문법적 결속을 먼저 소개하고, 어휘적 결속은 다음 절에서 다루기로 한다.

1) 지시(reference)

할리데이와 하산이 논의한 주요 결속장치(major cohesive devices) 중 첫째 개념이 지시이다. 텍스트를 구성하는 어떤 요소들 중에서, 다른 어떤 것을 참조하지 않으면 그 의미 해석이 불가능한 경우가 있다. 다른 어떤 것으로부터 자신에 관한 정보를 검색해야 하는 이러한 요소를 지시라고 한다(Halliday & Hasan, 1976: 4). 할리데이와 하산은 지시(reference)를 인칭대명사, 지시어, 비교지시 등 세 가지로 분류한다. 인칭대명사(personal reference)는 앞 항목을 지시하기 위해 she, he, it, his, her, their 같은 대명사를 주로 사용한다. 지시어(deitics or demonstratives)는 지시의 목적으로 사용되는 the, this, that, those, here, there, now, then 같은 것을 말한다. 비교지시(comparative reference)는 동일성(same, equal, identical, identically)과 유사성(such, similar, so, similarly, likewise), 차이(other, different, differently, else, otherwise)에 의해서 간접적으로 지시하는 것을 뜻한다. 비교지시는 비교하는 형용사나 부사를 통해 이루어진다. 예컨대, "We have received exactly the same report as was submitted two months ago."에서 same은 두 달 전에 제출된 보고서와 같은 보고서라는 비교형용사를 뜻한다(Halliday & Hasan, 1976: 78).

(예문 1) John goes fishing every other week. He is a very good fisherman.

(예문 2) There it is, my so much admired watch.

(예문 3) Mike: Hey John, did you just see that?

John: Yes, that was amazing.

(예문 1)의 둘째 문장의 주어 "He"는 그 앞 문장의 주어 "John"을 지시한다. 만약 여기에 앞 문장이 주어지지 않았다면, 독자들은 "He is a very good fisherman"만 보고, "He"가 누구인지 짐작할 수도 없고, 문장의 의미를 파악할 수 없을 것이다. 결국 앞 문장이 주어지지 않은 상태에서는 인칭대명사 "He"를 의미론적으로 해석할 수도 없다. 그러나 앞 문장이 주어지면, "He"가 앞 문장의 "John"을 지시하게 되어 두 문장을 서로 결속시키고 문장의 의미도 드러나는 것이다. 다시 말해서, "지시는 의미론적 수준(semantic level)의 관계"라 할 수 있다(Halliday & Hasan, 1976: 89).

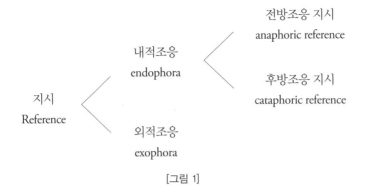

[그림 1]

지시에는 내적조응(endophora) 지시와 외적조응(exophora) 지시가 있고, 내적조응 지시는 다시 전방조응 지시(anaphoric reference)와 후방조응 지시(cataphoric reference)로 구분된다. (예문 3)에서 우리는 텍스트 외적조응 지시(exophoric reference)의 구체적 사례를 본다. Mike와 John의 대화에서, Mike가 John에게 그들이 본 "hat"에 대해 언급했다. 그러나 독자들은 두 사람이 무엇에 대해서 이야기하는지 알 수 없다. Mike와 John의 대화에서 "hat"은 독자들이 모르는 텍스트 밖의 어떤 것을 지시하는 외부조응 지시이기 때문이다. (예문 1)의 둘째 문장의 "He"는 그 앞 문장의 "John"을 지시한다. 이는 (예문 2)에서 "it"이 그 뒤에 오는 "watch"를 지시하는 것과 반대 방향의 지시이다. 전자를 전방조응 지시(anaphoric reference), 후자를 후방조응 지시(cataphoric reference)라고 부른다. 전방조응 지시와 후방조응 지시는 모두 텍스트 안에 있는 어떤 것을 지시하기 때문에 내적조응 지시(endophoric reference)라고 한다.

2) 치환(substitution)

치환은 텍스트 내의 어떤 요소가 다른 요소로 대체 혹은 교체되는 과정이다(Halliday & Hasan, 1976: 88). 지시(reference)는 의미론적 수준(semantic level)의 관계였으나, 치환(substitution)은 문법과 어휘 수준(lexicogrammatical level)의 관계라는 점이 다르다. (예문 4)의 "car"는 반복하지 않고 "one"으로 치환한다.

(예문 4) Jack's car is very old and ugly. He should get a nicer one.

치환에 명사를 "one", "ones", "same" 등으로 치환하는 명사적 치환 (nominal substitution), 동사를 "do"로 치환하는 동사적 치환(verbal substitution), [ ] 안의 구절을 "so"로 치환하는 구절의 치환(clausal substitution) 등 세 가지 유형의 치환이 있다(Halliday & Hasan, 1976: 90). 아래의 예문은 차례대로 명사 치환, 동사 치환, 구절 치환의 사례이다.

(예문 5) Jan loves to drink beer. He has one every day.
(예문 6) Jan loves to drink beer. He does every day.
(예문 7) Does Jan loves to drink beer?
    I believe so [that he loves to drink beer].

3) 생략(ellipsis)

생략은 치환과 매우 유사하다. 치환은 텍스트의 특정 요소를 다른 요소로 대체하는 데 비하여, 생략은 특정 요소를 다른 요소로 대체하지 않고, 생략(the omission of the item)하는 것이 특징이다. 따라서 생략은 "무의 치환(substitution by zero)"이라고 부른다(Halliday & Hasan, 1976: 142). 치환의 경우와 마찬가지로, 생략도 명사 생략(nominal ellipsis), 동사 생략(verbal ellipsis), 구절의 생략(clausal ellipsis) 등 세 가지 유형의 생략이 있다. 아래 예문의 [ ] 안은 생략된 부분이다. 아래의 예문은 차례로 명사 생략, 동사 생략, 구절 생략의 사례이다. 생략에서 중요한 것은 어떤 요소가 텍스트 표면에서 생략되어도, 독자들은 그 요소를 이해한다는 점이다.

(예문 8) He bought a red car, but I liked the blue [ ].

(예문 9) A: Will you come to the party?

B: Yes, I will [ ].

(예문 10) A: Go bring some water quickly.

B: will do [ ].

4) 접속사(conjunction)

접속사도 문법적 결속장치 중 네 번째 유형이다. 그러나 접속사는 어휘적 선택이 중요하기 때문에, 문법적 결속과 어휘적 결속의 경계에 해당된다. 접속사는 쓰기에서 자주 사용되는 결속장치에 속한다. 할리데이와 하산에 따르면, 접속사에 부가적(additive) · 반의적(adversative) · 인과적(causal) · 시간적(temporal) 관계를 나타내는 네 가지 유형이 있다(1976: 238). 이 네 가지 유형을 차례로 예시하면 다음과 같다. 부가적 접속사에 속하는 것은 and, nor, or, or else, in addition, besides, by the way 등이 있고, 반의적 접속사에 속하는 것은 yet, but, however, though, on the other hand, at the same time 등이 있고, 인과적 접속사에 속하는 것은 so, because of this, then, therefore, it follows, to this end, on this basis 등이 있고, 시간적 접속사로 then, next, finally, at last, at the same time, at once, soon, next time, mean while 등이 널리 사용된다(Halliday & Hasan, 1976: 242-243).

(예문 11) She walked into the room <u>and</u> sat on the sofa.

(예문 12) She is poor <u>but</u> she is honest.

(예문 13) She felt that there was no time to be lost,

　　　　<u>so</u>, she got to work at once.

(예문 14) The guard was looking at her, first through a telescope,

　　　　<u>then</u> through an opera-glass.

할리데이와 하산은 접속사를 부가적 · 반의적 · 인과적 · 시간적 접속사로 분류했지만, 일반적으로 영어에서 접속사를 분류할 때는 네 가지, 즉 등위접속사, 종속접속사, 상관접속사 및 접속부사로 구분하기도 한다.

① 등위접속사(Coordinating Conjunctions)는 가장 일반적인 접속사로, 단어와 단어, 구와 구, 절과 절을 연결한다. Or, but, nor, for, and, yet, so 등이 가장 많이 사용되는 대표적 등위접속사 들이고, 등위접속사가 사용된 예문은 다음과 같다.

- You can eat your cake with a spoon or fork.
- My dog enjoys being bathed but hates getting his nails trimmed.
- Bill refuses to eat peas, nor will he touch carrots.
- I hate to waste a drop of gas, for it is very expensive these days.

② 종속접속사(subordinate conjunctions)는 종속된 절과 주절을 결속시키는 after, because, until, As soon as, although, since, unless, when, while 등을 뜻하고, 종속접속사가 사용된 예문은 다음과 같은 것이 있다.

- After the basement flooded, we spent all day cleaning up.
- I don't want to go to the movies because I hate the smell of popcorn.
- Until spring arrives, we have to be prepared for more snow.
- As soon as the alarm goes off, I hit the snooze button.

③ 상관접속사(correlative conjunctions)는 either … or, both … and, neither … nor, whether … or, not only … but also 등이고, 상관접속사가 사용된 예문은 다음과 같은 것이 있다.

- He wants either the chocolates or the cake.

- He said that he would like to have both the chocolates and the cake.

- You can have neither the cake nor the ice-cream.

- I have not yet decided whether I will have the cake or the ice-cream.

- He ate not only the chocolates but also the ice-cream.

④ 접속부사(conjunctive adberbs)는 그 명칭이 뜻하는 것처럼 실제적으로 부사이지만, 그럼에도 불구하고 접속과 연결의 역할을 수행하기 때문에 접속사의 한 유형으로 구분한다. Therefore, however, in fact, in addition, nonetheless, on the other hand 등이 접속부사에 속하고, 접속부사가 사용된 예문은 다음과 같다.

- Jeremy kept talking in class; therefore, he got in trouble.

- She went into the store; however, she didn't find anything she wanted to buy.

- I like you a lot; in fact, I think we should be best friends.

- Your dog got into my yard; in addition, he dug up my petunias.

- You're my friend; nonetheless, I feel like you're taking advantage of me.

- My car payments are high; on the other hand, I really enjoy driving such a nice vehicle.

4
어휘적 결속

응결성의 다른 유형으로 문법적 결속(grammatical cohesion) 외에 어휘적 결속이 있다. 어휘적 결속(lexical cohesion)은 문법적 결속과 다르다. 어휘적 결속이 문법적 결속과 다른 이유는 무엇보다도 그것이 문법이 아니라, 어휘의 선택을 통해서 텍스트를 결속시키기 때문이다(Halliday & Hasan, 1976: 274). 어휘적 결속에는 두 가지 유형이 있다. 하나는 반복(repetition)이고, 다른 하나는 연어(collocation)를 사용해서 텍스트를 결속시킨다.

① 반복(repetition)은 같은 단어, 유의어(synonymy), 상위어(superordinate), 반대말(antonymy), 관련성 있는 일반어(related general word) 같은 것을 사용하여 텍스트의 응결성을 높인다. 예컨대, "a boy"는 다음 문장에서 "the boy"(같은 단어), "the lad"(동의어 혹은 유사 동의어 near-synonym), "the child"(상위어)로 대치될 수 있다.

② 연어(collocation)도 의미론적 결속을 통해서 텍스트의 응결성에 기여할 수 있다.

> (예문 15) A little fat man in Bombay was <u>smoking</u> one very hot day, But a bird called a snipe flew away with his <u>pipe</u>, which vexed the fat man of Bombay.

짚신도 짝이 있다는 말처럼, 단어도 혼자 있는 것보다 항상 짝을 지어 함께 쓰이는 경우가 많은데, 예컨대 바늘과 실, 굴뚝과 연기, 햄버거와 감자튀김, 양말과 신발, have a good time(day), smoking과 pipe 같은 단어는 항상 함께 쓰인다. 따라서 위의 예문에서, "pipe"를 보면 "smoking"을 연상할 수밖에 없는 연어적 관행 때문에, "pipe"와 "smoking"의 연어적 결속(collocational tie)이 텍스트의 응결성을 높이는 데 기여한 것이다.

텍스트성의 기준

텍스트다운 텍스트란 어떤 텍스트인가? 글다운 글, 말다운 말, 텍스트다운 텍스트란 어떤 것인가를 묻는 이러한 기본적 물음을 텍스트 언어학에서는 텍스트다움(textuality)이라고 부른다. 그러나 "텍스트다움"이 무엇인가를 보는 관점이 학자에 따라 다를 수 있다. 특히 텍스트 언어학을 대표하는 할리데이와 하산의 『영어의 응결성(Cohesion in English)』(1976)과 보그란데와 드레슬러의 『텍스트 언어학 개론(Introduction to text linguistics)』(1981) 같은 양대 연구가 "텍스트다움"을 다르게 정의하고 있기 때문이다. "텍스트다움"을 할리데이와 하산(Halliday & Hasan)은 짜임새(texture)라 부르고, 보그란데와 드레슬러는 텍스트성(textuality)이라고 했다.

할리데이와 하산은 텍스트가 텍스트답기 위해서는 텍스트 구성요소들이 문법적 결속과 어휘적 결속을 통해 반듯한 짜임새를 갖추어야 하고, 이러한 "짜임새(texture)가 바로 텍스트와 텍스트가 아닌 것을 구별하는 기준"이라고 했다(1976: 2). 요컨대 할리데이와 하산이 강조하는 것은 텍스트 구성요소들 간의 문법적 및 어휘적 결속이다. 따라서 그들이 짜임새라고 하는 것은 들을 수 있거나 보고 읽을 수 있는 텍스트 그 자체의 표면구조(surface structure)를 뜻한다. 그러나 보그란데와 드레슬러는 『텍스트 언어학 개론』에서, 텍스트는 텍스트 그 자체로 이해될 수 있는 것이 아니라, 텍스트 내용과 독자가 저장하고 있는 배경지식의 상호작용을 통해서 이해될 수 있다(1981, I장 12절)는 것이다. 할리데이와 하산의 응결성 개념은 텍스트 이해에 있어서 독자의 배경지식 혹은 인지적 스키마(cognitive scheme)가 수행하는 중요한 기능을 고려하지 못한 것이 큰 약점이다(Carrell, 1982: 482). 보그란데와 드레슬러가 제시하는 텍스트성의 7가지 기준은 텍스트의 언어적 표면구조뿐만 아니라 그 이면에 작동되는 사용자의 인지적 측면도 중요시한다.

텍스트성의 첫째 기준은 응결성(cohesion)이다. 응결성은 우리가 듣거나 볼 수 있는 "표면 텍스트(surface text)"를 이루는 요소들이 문법적 관계로 연결 혹은 결속된 상태를 뜻한다(Beaugrande & Dressler, 1981, I장 4절). 문법적 결속장치(cohesive device)로는 회귀(recurrence), 병렬(parallelism), 어휘변형(paraphrase), 생략(ellipsis), 접속사(junction), 기능적 문장관점(functional sentence perspective: FSP) 등이 있다(같은 책, IV장 3절). 어떤 텍스트를 통해서 전달하려는 정보가 그 중요성과 새로움의 관점에서 차이가 있을 때, FSP에서는 보다 중요하고, 새롭고, 예상하지 못한 정보를 문장의 뒷부분에 배치함으로써 원활한 커뮤니케이션 기능을 수행할 수 있도록 한다는 것이다(Beaugrande & Dressler, 1981, II장 18절; IV장 51-53절). FSP에서는 옛 정보를 문장의 앞부분에, 새로운 정보를 뒷부분에 배치하고, 전자를 주제(theme), 후자를 평언(rheme)이라고 한다. 전체적으로 볼 때, 보그란데와 드레슬러의 결속장치는 할리데이와 하산의 결속장치와 큰 차이가 없다.

텍스트성의 둘째 기준은 응집성(coherence)이다. 응집성은 요소들 간의 문법적 짜임새가 아니라 의미론적 짜임새이고, 표면적 짜임새가 아니라 이면의 논리적 짜임새이고, 형식적 짜임새가 아니라 내용의 짜임새를 뜻한다. 내용이 짜임새 있다는 것은 작가의 의도를 독자가 이해할 수 있어야 한다는 것이기 때문에, 텍스트의 의미는 텍스트와 텍스트 사용자 간의 상호작용의 결과라 할 수 있다. 텍스트가 무의미하다는 것도 텍스트 자체만의 문제가 아니라, 텍스트와 독자 사이에 "심각한 불일치나 부조화"가 있다는 뜻이다(Beaugrande & Dressler, 1981, V장 2절). 이와 같이 텍스트의 의미 구성에는 독자의 배경적 지식 같은 인지적 과정이 반영되기 때문에 응집성은 주관적이다(Beaugrande & Dressler, 1981, I장 12절).

셋째 기준인 의도성(intentionality)과 넷째 기준인 수용성(acceptability) 혹은 용인성은 각기 텍스트 생산자와 소비자에게 관련된 기준이다. 응결성과 응집성은 "텍스트 중심의 개념(text-centred notions)"이고, 의도성과 수용성은 "사용자 중심의 개념(user-centred notions)"이다(Beaugrande & Dressler, 1981, I. 13). 셋째 기준인 의도성(intentionality)은 생산자가 응결성 있고 응집성 있는 텍스트를 구성하여 의사소통적 목적을 달성하려는 의도에 충실해야 한다는 것이다.

넷째 기준인 용인성 혹은 수용성(acceptability)은 응결성과 응집성이 있는 텍스트의 내용이 수용자가 이해하기에 적합하고 유용해야 한다는 조건이다. 따라서 의도성과 수용성은 모두 언어 사용자의 인지적 과정에 의존하는 기준들이고, 저자의 의도와 독자의 수용이 부합되어야 한다는 주장은 그라이스(Herbert Paul Grice)의 협동의 원칙에 근거한 것이다(Beaugrande & Dressler, 1981, VI장 9절).

다섯째 기준은 정보성(informativity)이다. 텍스트다운 텍스트가 되기 위해서는 독자가 예상하는 것과 예상하지 못한 것 사이의 균형을 생각해야 하고, 아는 것과 모르는 것의 균형을 깊이 고려해야 한다. 텍스트에 담긴 정보가 모두 새롭고 예상하지 못한 너무 높은 수준의 정보인 경우에는 독자들이 너무 난해하다고 거부할 것이고, 이미 다 알고 있는 정보만으로 구성된 낮은 수준의 텍스트는 독자가 쉽게 권태감을 느끼게 될 것이다. 그러나 일반적으로 강의에서는 높은 수준의 정보를 기대하고, 버스 정류소에서 듣는 정보는 낮은 수준을 기대할 것이므로, 정보성 기준도 맥락에 따라 민감하게 바뀐다(Beaugrande & Dressler, 1981, I. 17).

여섯째 기준은 상황성으로, 이는 텍스트를 당면한 의사소통 상황에 적합하게 만들 수 있는 모든 요인들에 의해서 영향을 받는다. 텍스트성을 결정하는 상황성 기준은 작가나 독자 등 모든 참여자들이 텍스트 세계에 가져오는 그들의 목표, 신념, 의견 같은 것을 텍스트가 반영할 수 있도록 모니터링하는 전략이다.

일곱째 기준은 상호텍스트성(intertextuality)이고, 상호텍스트성은 저자나 독자는 누구나 특정 텍스트와 관련된 다른 텍스트에 대한 경험을 통해서, 이 텍스트가 어떤 텍스트라야 한다는 일련의 암묵적 기대를 마음속에 가지고 있다는 것이다. 다시 말해서, 이는 주어진 텍스트의 생산과 수용이 다른 텍스트에 대한 참여자의 지식에 의존하는 것을 뜻한다.

이상으로 우리는 『텍스트 언어학 개론(*Introduction to text linguistics*)』(1981)에서 보그란데와 드레슬러가 제안한 텍스트다운 텍스트가 갖추어야 할 7가지 조건인 응결성(cohesion), 응집성(coherence), 의도성(intentionality), 수용성(acceptability), 정보성(informativity), 상황성(situationality) 및 상호텍스트성(intertextuality)의 특징이 무엇인가를 알아보았다. 이들 텍스트성의 7가지 기준 중에서, 응결성과 응집성은 "텍스트 중심의 개념(text-centred notions)"이고, 나머지 기준들은 "사용자 중심의 개념(user-centred notions)"이다(Beaugrande & Dressler, 1981, I. 13). 그러나 보그란데와 드레슬러는 7가지 중에서도 응결성과 응집성 두 가지 요소가 텍스트성을 결정하는 가장 중요한 기준이라고 보았다.

텍스트 분석과 논증

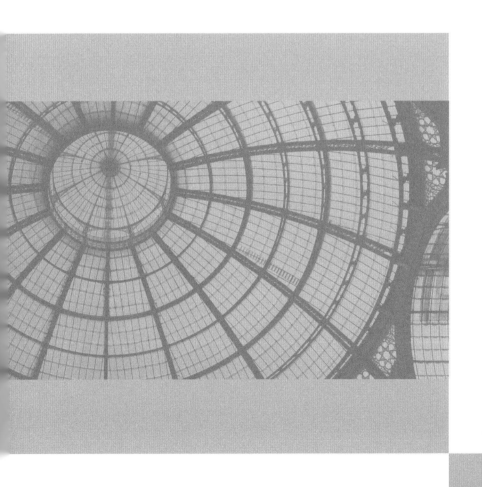

1

주제와 평언

문장다운 문장은 뚜렷한 주제(theme)와 그 주제를 설명하는 평언(rheme)으로 구조화되어 있다. 전통적 주어-술어(subject-predicate) 대신에 주제와 평언 혹은 주제부와 평언부 개념을 중요시하는 입장이다. 이는 주로 언어를 의사소통적 기능에 초점을 두고 연구하는 체코 프라하학파의 기능적 문장관(Functional Sentence Perspective: FSP)과 영국의 체계적 기능언어학(Systematic Functional Linguistics: SFL)의 연구 경향이다. 주제-평언 혹은 주제부-평언부라는 개념은 1939년에 프라하학파의 마테시우스(Mathesius)가 문법 용어인 주어-술어와 구별하기 위해 처음으로 제안하였다. 마테시우스의 주제와 평언 개념을 체계적 기능언어학파의 할리데이(Halliday)가 수용하여 텍스트 분석에 유용한 개념으로 발전시켰다(Danes, 1974: 106).

주제는 항상 메시지의 출발점이고, 메시지 전체가 거기에 관해서 설명하는 것이다. 주제(theme)를 제외한 나머지 부분이 주제를 설명하는 평언(rheme)이다. 주제와 평언을 각기 주제부와 평언부라고도 부른다. 할리데이는 문장의 앞부분에 오는 것을 주제부, 나머지 부분을 평언부 혹은 설명부라고 부른다(1994: 38). 주제는 이미 알려신(known) 정보 혹은 주어진(given) 정보를 뜻하고, 평언은 아직 모르는 정보 혹은 새로운 정보(new information)를 뜻한다(Danes, 1974: 106). 주제와 평언의 관계에 대해서, 할리데이(Halliday)는 주제가 문장의 어느 위치에나 있을 수 있는 것이 아니라, 아래의 예문들처럼 주제가 항상 메시지의 시작 지점에 있다고 본다(1994: 같은 곳).

(예문 1) <u>The children</u> are playing hide and seek in the garden.
(예문 2) <u>In the garden</u> the children are playing hide and seek.
(예문 3) <u>Very carefully</u> the man took his son to the hospital.
(예문 4) <u>How he did it</u> is his own secret.

위의 예문에서 밑줄 친 부분은 주제(theme: T), 나머지 부분은 평언(rheme: R)이다. (예문 1)의 경우는 주어(subject)가 주제(theme)와 일치한다. 그러나 주제와 평언을 이야기할 때, 'The children'은 주어(subject)라기보다는 주제(theme)라고 부른다. 주어는 문법적 범주이지 의사소통적 범주가 아니기 때문이다. (예문 1)과 (예문 2)는 문장 구성요소는 같으나, 배열의 차이 때문에 주제가 다르고, 그래서 강조점이 다르다. (예문 1)은 'The children'에 대해서 무엇인가를 설명하는 문장이고, (예문 2)는 'In the garden'에 대하여 새로운 정보를 제공하는 문장이다. (예문 2), (예문 3), (예문 4)의 경우는 각기 전치사구(In the garden), 부사구(Very carefully), 절(How he did it)이 주제 혹은 주제부(theme)의 역할을 수행한다.

이와 같이 문장에서 항상 먼저 등장하는 것이 주제라고 하지만, 주제 못지않게 중요한 것이 평언이다. 그 이유는 무엇보다도 화자가 청자에게, 작가가 독자에게 전달하려는 새로운 정보가 바로 평언(rheme)이고, 평언에 새로운 정보가 포함되어 있기 때문이다. 일반적으로, 메시지 구조를 이루는 주제와 평언이 의미 있는 메시지로 조직화되고 구조화되는 현상을 주제와 평언의 조직화라 할 수 있고, 이러한 조직화를 주제화(thematization)라고 부른다. 프라하학파의 다네쉬(Danes)는 「기능적 문장관점과 텍스트의 조직(Functional Sentence Perspective and the Organization of the Text)」(1974)이라는 논문에서, 주제부 전개라는 새로운 개념을 도입한다.

2
주제부 전개

주제부 전개(thematic progression : TP) 개념은 주제와 평언 간의 논리적 조직화가 문장 수준을 넘어 여러 문장들이 연결된 담론 혹은 텍스트의 수준으로 확장되는 개념이다. 다네쉬(Danes)에 따르면, 한 문장에 이어 다음 문장들이 차례로 전개되는 과정에서 주제와 평언이 논리적으로 조직화되고, 요소 문장의 주제가 문단 전체의 상위주제(hypertheme)와 개념적 일관성을 유지하면 그 텍스트는 응집성(coherence)이 높다는 것을 알 수 있다 (1974: 113-114). 이와 같이 주제부 전개의 논리적 짜임새가 글의 응집성을 결정하기 때문에, 텍스트 구성에서 주제부 전개가 중요하다. 다네쉬는 주제부 전개방식을 다음과 같이 유형화한다.

1) 단순 선형식 전개(simple linear TP)

단순 선형식 주제 전개는 앞 문장의 평언부(R)가 그다음 문장의 주제부(T)가 되는 주제부 전개방식(thematic progression: TP)으로, 아래의 텍스트에서 그 전형적 사례를 볼 수 있다. 아래 그림은 텍스트를 이루는 세 문장의 주제(T)와 평언(R)의 논리적 연결관계, 즉 주제부 전개를 기호화한 것이다.

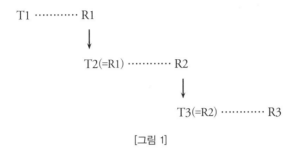

[그림 1]

"커뮤니케이션(T1)은 메시지를 전달하는 과정이다(R1). 메시지(T2=R1)는 음성언어 혹은 문자언어로 전달될 수 있다(R2). 문자언어를 통해서(T3=R2), 우리는 시간 공간의 제약을 초월한 커뮤니케이션을 할 수 있다(R3)."(Rosa, 2009: 4)

2) 주제 불변의 연속적 전개(TP with constant continuous theme)

주제 불변의 연속적 전개 유형은, 다음의 텍스트처럼, 첫 문장의 주제가 뒤이어 나타나는 문장들의 주제와 같고, 평언만 달라지는 주제 전개 유형으로, 그 골격은 아래와 같이 요약할 수 있다.

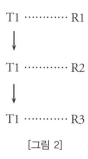

[그림 2]

"Rousseau는(T1) 자연의 아름다움으로 우리를 안내했다(R1). 그는(T1) 스위스 태생의 철학자이면서 정치이론가였다(R2). Rousseau는(T1) 윤리사상과 정치사상의 새로운 지평을 열었다(R3). 그는(T1) 우리의 삶의 방식에 엄청난 영향을 미쳤다(R4)." (Danes, 1974: 119)

3) 파생된 주제의 전개방식(TP with derived T's)

파생된 주제의 전개방식은 텍스트 혹은 문단 전체의 상위주제(hyper-theme)로부터 여러 하위주제들이 파생되는 주제 전개방식으로, 아래의 [T]는 상위주제를 뜻하고, T1, T2, T3 등은 각기 [T]로부터 파생된 개별적 주제를 뜻한다.

예컨대, 사형제도를 찬성하는 입장 [T]은 인과응보설, 공리주의 및 범죄억제설 등 세 가지 주장이 있을 수 있다. 인과응보설(T1)은, 범죄 행동은 응분의 처벌을 받아야 한다는 것이다(R1). 공리주의에 따르면(T2), 범죄로 인한 해악보다 사형제도에 기인된 이익 창출이 더 크다면, 최대다수의 최대행복을 위해 사형제도는 정당화된다(R2). 범죄억제설(T3)은 사

제3장 텍스트 분석과 논증

형 같은 처벌의 사용이 범죄동기를 억제한다는 것이다(R3). 이 사례는 사형제도(capital punishment)를 찬성하는 하나의 큰 상위주제 [T]로부터 인과응보설(T1), 공리주의(T2) 및 범죄억제설(T3) 등 개별적인 하위주제들의 전개를 도출한 것이다.

$$[\,\mathbf{T}\,]$$

$$T1 \cdots\cdots R1$$

$$T2 \cdots\cdots R2$$

$$T3 \cdots\cdots R3$$

[그림 3]

유형 3의 또 다른 사례를 보자. "뉴저지의 남쪽 해안 지역은 평탄하고, 북서쪽 지역은 산악 지형이다[T]. 해안 지역의 기후는(T1) 온화하나, 산악 지형의 겨울은 상당히 춥고, 여름은 꽤 더운 편이다(R1). 뉴저지의 주종산업은(T2) 화학제품, 가공식품, 석유, 금속 및 전자제품 등이다(R2). 뉴저지에는(T3) 뉴저지공대, 프린스턴대학, 럿거스대학, 스티븐스공대 등 유서 깊은 대학들이 있다(R3)." (Danes, 1974: 120, 일부 변형함)

이상에서 우리는 프라하학파의 다네쉬가 제안한 주제 전개(thematic progression: TP)의 세 가지 유형을 요약 정리하였다. 다네쉬의 기본상정은 주제를 짜임새 있게 풀어나가는 주제 전개(TP)가 "텍스트 연결성(text connexity)" 혹은 "텍스트 응집성(text coherence)"을 나타내는 중요한 기준이라는 것이다(1974: 113-114). 그러나 문장 수준을 능가하는 담론이나 텍스트의 응집성이 이들 세 가지 주제 전개방식만으로 설명할 수는 없기 때문에, 나네쉬도 자신이 제시한 세 가지 유형의 주제 전개를 완성된 유형이라기 보다는 "일반적 원칙(abstract principles), 모델(models) 혹은 가설적 구성 개념(constructs)"(1974: 121)으로 생각하고, 이를 토대로 글의 특성에 맞게 적절히 "조합"(1974: 120)하여 다양한 유형으로 전개하면 응집성 높은 텍스트를 구성할 수 있다고 주장한다.

가령, 같은 주제(T)에 관한 텍스트의 설명적 내용이 이중(R1+R2) 혹은 그 이상의 다중(multiple) 평언(R1+R2+R3+⋯)으로 구성된 경우에는 이들 평언을 분리한 후, 분리된 각 평언이 다음 문장의 주제로 전개되는 유형의 주제 전개방식을 채택할 수 있다. 이는 유형 1과 유형 2의 조합과 같은 유형으로, 다네쉬는 이러한 것을 평언 분리형 전개방식(TP with split rheme)이라고 부른다(1974: 120).

예컨대, 모든 물질은(T1) 순물질(elementary substances)과 화합물(compounds)로 나눌 수 있다(R1=R1'+R1"). 순물질(T2'=R1')은 한 가지 원소만으로 구성된 물질이고(R2'), 화합물(T2"=R1")은 두 가지 이상의 원소들로 구성된 물질이다(R2"). (Danes, 1974: 121)

다음 예문도 평언 분리형 전개방식(TP with split rheme)이다. "그 집 앞에는(T1) 두 사람이 기다리고 있다(R1=R1'+R1"). 그중 한 사람(T2'=R1')은 담배를 피우고 있고(R2'); 다른 한 사람(T2"=R1")은 술을 마시고 있다(R2")." 평언

제3장 텍스트 분석과 논증

분리형 전개방식을 다음과 같은 그림으로 요약할 수 있다.

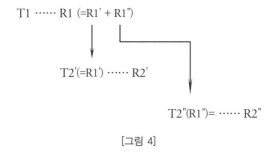

[그림 4]

평언 분리형 전개방식은 평언을 분리한 후, 분리된 각 평언이 다음 문장의 주제로 전개되는 유형의 주제 전개방식이었다. 마찬가지 논리로 어떤 텍스트의 주제가 두 가지 이상의 하위주제로 혼성된 경우에는 이들 하위 주제를 분리한 후, 분리된 각 주제가 다음 문장의 주제로 전개되는 유형의 주제 전개방식을 채택할 수 있다. 이러한 유형의 주제 전개방식은 주제 분리형 전개방식(TP with split theme)이라 할 수 있고, 이를 아래의 그림처럼 요약할 수 있다.

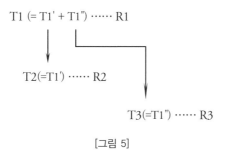

[그림 5]

3
툴민의 논증 모델

영국의 철학자요 논리학자인 툴민(Toulmin)은 『논증의 사용(*The Uses of Argument*)』(1958)이라는 책에서 그의 논증 모델(model of argument)을 제시하였다. 여기서 그는 이 논증 모델을 삼단논법 같은 분석적 논증과 구별되는 실질적 논증(substantial argument)이고, 이론적 논증과 구별되는 실제적 논증(practical argument)이라고 설명한다(1958: 125). 다시 말해서, 인간이 이성적 존재이긴 해도 인간 이성은 오류를 범할 수 있기 때문에, 우리가 실제로 무엇을 예측하고 결정할 때, 두 가지 전제를 결합하여 논리적으로 확실한 결론을 연역할 수 있을 정도로 완벽하기는 어렵다는 것이다. 삼단논법에서는 두 가지 전제를 근거로 하나의 완벽한 결론을 연역할 수 있었으나, 툴민의 논증 모델에서는 아래의 그림에서 볼 수 있는 것처럼, 논증을 위해 데이터(data), 주장(claim), 보증(warrant)뿐만 아니라, 여기에 뒷받침(backing), 한정사(quantifiers), 반박(rebuttals) 같은 더 복잡한 절차가 필요하다는 것이다.

제3장 텍스트 분석과 논증

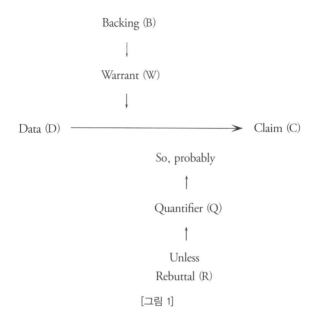

Backing (B)

↓

Warrant (W)

↓

Data (D) ——————————————→ Claim (C)

So, probably

↑

Quantifier (Q)

↑

Unless

Rebuttal (R)

[그림 1]

툴민이 제시한 논증 모델의 형식은 절차적 논증형식(Eemeren & Grooten-dorst, 2004: 46)이고 그 절차는 다음과 같이 설명할 수 있다. 예컨대, "Harry 는 Bermuda에서 태어났다"는 사실 혹은 데이터(D)를 근거로 "Harry는 영국 시민이라"는 주장(C)을 이끌어낸 경우를 생각해보자. 여기서 주장(C) 은 항상 논란과 논쟁의 여지가 있는 것(controversial or debatable)이어야 한다. 명백한 사실은 논쟁의 여지가 없기 때문이다. 따라서 D를 근거로 C를 주장하는 정당화가 보증(W)되어야 한다. "Bermuda에서 태어난 사람은 일반적으로 영국 시민이라는 것"이 보증(W)이고, 법적 규정에 따라 시민권이 주어진다는 것은 보증의 뒷받침(backing: B)이다.

이와 같은 데이터–주장–보증(D–C–W)의 구조가 논증의 추론적 핵심을 이룬다. 그러나 여기서 주장(C)은 삼단논법의 결론처럼 확실한 주장이 아니라, 단지 확률적인 주장일 뿐이다. 논증의 이러한 추정적 특성 때문에 주장의 확실성 정도를 나타내는 presumably, probably, almost certainly 같은 한정사(Quantifier: Q)가 사용되는 것이다. 한편, 삼단논법 같은 완벽한 분석적 논증과 달리 실질적 논증은 예외도 있을 수 있기 때문에, 툴민은 그의 논증 모델에 반박(Rebuttal: R)이 있을 수 있음을 강조한다. "Harry의 부모가 모두 외국인이기 때문에, Harry도 미국인으로 귀화했다"는 주장은 "Harry가 영국 시민이라"는 주장을 반박하는 반대주장이라 할 수 있다.

4

만과 톰슨의 응집성 관계

텍스트 언어학에서는 문법적 구조인 응결성을 통해 응집성을 추론하기보다는, 인접된 구성요소들 간의 개념적 연결을 뜻하는 응집성 관계(coherence relations)를 통해서 텍스트의 응집성을 추론하는 경향이 있다. 텍스트 구성요소들 사이에, 예컨대 인과관계(causality), 대조관계(contrast), 귀속관계(attribution relation) 같은 응집성 관계가 명백하면 그 텍스트는 응집성 있는 텍스트라 할 수 있다는 것이다. 만과 톰슨(Mann & Thompson)의 수사적 구조이론(Rhetorical Structure Theory: RST)은 응집성 관계를 통해서 텍스트의 구조를 설명하는 이론이다. 담론 혹은 텍스트를 이루는 이러한 기초적 단위를 응집성 관계, 관계적 명제, 수사적 관계 혹은 텍스트 관계라 부르고, 문맥에 따라서는 간단히 관계라고도 부른다(Hobbs, 1985: 2; Sanders et al., 1992: 1-2; Mann & Thompson, 1986: 57-67; Taboada & Mann, 2006: 425).

응집성 관계, 수사적 관계 혹은 텍스트 관계의 공통점은 관계(relations) 개념이다. 단어, 구절, 문장 같은 텍스트 구성요소들은 보거나 들을 수 있는 현상이지만, 명제들 간의 인과관계 같은 응집성 관계는 텍스트 자체라기보다는 텍스트 구성요소들 사이에 우리가 부여한 인지적 구성 개념이기 때문에 경험적 관찰은 불가능하다(Sanders et al., 1992: 2). 예컨대, 두 물체가 부딪쳐서 소리가 났을 때, 우리는 충돌이 원인이고, 소리는 그 결과라고 인지한다. 충돌 현상은 시각적으로 확인하고 소리는 청각적으로 확인할 수 있지만, 충돌이 원인이고 소리가 그 결과라고 생각하는 인과관계(causality) 그 자체는 객관적 현상이 아니라 우리가 그 현상에 부여한 인지적 구성 개념이다. 마찬가지로 단어, 구절, 문장 같은 텍스트 구성요소들은 경험적 현상이지만, 인과관계나 대조관계 같은 응집성 관계는 텍스트 구성요소들 사이에 우리가 부여한 구성 개념이다(Hobbs, 1985, 1990; Mann & Thompson, 1986; Sanders et al., 1992, 1993). 그뿐만 아니라, 응집성 관계는 텍스트 구성요소 그 자체가 아니라 요소들 간의 관계를 뜻하는 관계 개념이고 경험적 현상이 아니기 때문에, 응집성 이론에서는 해석과 추론이 필요하다.

응집성 관계(coherence relations)를 통해서 텍스트의 구조를 설명하는 이론이 수사적 구조이론(Rhetorical Structure Theory: RST)이다(Mann & Thompson, 1988: 243; Taboada, 2006:570). 수사적 구조이론(RST)에서는, 작가와 독자 간의 수사적 상호작용(rhetorical interaction)이 텍스트 분석의 중요한 지형이기 때문에 수사적 구조개념을 중요시한다. 수사적 관계 혹은 응집성 관계는 텍스트 구성요소들 간의 관계를 지칭하는 개념이고 관계적 명제이다. 관계 개념은 구성요소들 각각 따로 있을 때는 나타날 수 없는 현상이다. 다시 말해서, 응집성 관계나 수사적 관계에서 관계(relation) 개념은 텍스트 그 자체에 존재하는 것이 아니라, 언어 사용자가 텍스트 구성요소들 사이에 부여한 가설적 구성 개념이다. 인과관계, 대조관계, 양보의 관계처럼 텍스트 구성요소들을 연결시키는 개념들이 그 대표적 사례들이다.

이러한 수사적 관계나 응집성 관계가 모여서 담론 혹은 텍스트의 응집성을 만들기 때문에, 이러한 관계는 텍스트 언어학에서 중요한 개념이다. 이와 같이 RST에서는 관계가 가장 중요한 개념이기 때문에, 수사적 구조이론은 다양한 관계를 통해서 텍스트의 조직과 응집성을 설명한다. RST에서 중요시하는 관계는 두 가지 유형이 있다. 하나는 핵(nucleus)과 위성(satellite)의 관계를 구별하는 것이고(Mann & Thompson, 1988: 245), 다른 하나는 주제(subject-matter) 관계와 제시적(presentational) 관계의 구별이다(Mann & Thompson, 1988: 257). 전자는 중요한 단위와 덜 중요한 보조적 단위를 구별하는 단위의 유형이고, 후자는 응집성 관계의 유형이다.

1) 핵과 위성의 관계

핵과 위성의 관계는 가장 빈번한 구조적 유형이다. 이는 두 가지 구성요소가 인접된 경우에, 더 중요한 요소를 핵(nucleus), 덜 중요한 보조적 요소를 위성(satellite)이라고 부른다. 예컨대 증거가 제시된 주장의 경우에, 특정 증거보다는 이 증거에 근거한 주장이 텍스트에서 더 본질적인 요소라 할 수 있다. 따라서 증거가 제시된 주장의 경우에, 주장(claim)은 핵이고, 이 주장에 대한 증거(evidence)는 위성이라는 것이다. 따라서 핵과 위성의 관계는 위계가 분명한 종속관계(hypotaxis relations)라 할 수 있다. 그러나 구성요소들 간의 관계가 종속관계가 아니라, 중요성이 대등한 병렬관계(parataxis relations)인 경우에는 핵과 위성의 관계가 아니라, 여러 핵이 병렬된 다핵관계(multinuclear relations)라고 부른다. 다시 말해, 구성요소들 간의 관계가 종속관계인 경우는 핵과 위성의 관계이고, 구성요소들 간의 관계가 병렬관계인 경우에는 다핵관계라는 것이다.

양보(concession)와 대조(contrast)가 각기 종속관계와 병렬관계의 대표적 사례이다. 예컨대 "Tempting as it may be, we shouldn't embrace every popular issue that comes along"라는 문장에서, 앞부분(그럴 수 있을 것 같아도)은 양보의 부사절이고, 이는 뒷부분(우리가 여러 쟁점을 모두 수용할 수는 없다)에 종속된다(Taboada & Mann, 2006: 426-427). 앞부분이 위성이고, 뒷부분은 핵인 위계적 관계이다. 양보의 관계(concession relations)는 다른 주장도 인정하면서 나의 주장을 강조하는 어법이기 때문에 내 주장만 고집하는 것보다 설득력이 돋보이는 논리라 할 수 있다.

한편 대조관계는 핵과 위성의 관계가 아니라, 핵이 여러 개 있는 다핵(multinucleus)관계이다. 예컨대 "Animals heal, but trees compartmentalize"라는 문장에서, (상처가 났을 때 동물은 치유를 한다는) 앞부분과 (나무는 상처 주위에 막을 형성하여 질병이 확산되지 못하도록 구획하여 방어한다는) 뒷부분은 대등한 중요성을 갖는 병렬관계라 할 수 있다. 이 예문은 핵과 위성의 관계가 아니라 두 가지 핵이 병렬된 다핵관계를 예시한다. 이러한 대조관계를 비롯하여, 목록(list) 관계나 순차(sequence) 관계 같은 몇 가지 예외적인 다핵관계를 제외하면(Mann & Thompson, 1988: 278), 대부분의 관계는 핵과 위성의 관계(nucleus and satellite relations)이다. 핵과 위성의 구별은 RST의 두

제3장 텍스트 분석과 논증

드러진 특징이고, 이러한 특성은 관계의 비대칭성을 설명하는 데 중요한 기능을 수행하기 때문에 설득적 텍스트 연구에서 결정적인 중요성을 갖는다(Mann & Matthiessen, 1991: 235).

관계의 정의를 만과 톰슨(1988: 245-246)은 4가지 차원 혹은 장(fields)으로 구성된다고 본다.

① 핵에 대한 제약(constraints on the nucleus): 청자가 이미 신뢰하는 핵심적 주장을 화자가 다시 증거를 제시하는 것은 무의미하다는 것이고, 따라서 제약은 사용조건과 같은 것이다.

② 위성에 대한 제약(constraints on the satellite): 믿을 수 없는 증거로 어떤 주장을 지지하는 것은 무의미하다는 것을 뜻한다.

③ 핵과 위성의 결합에 대한 제약(constraints on the combination of nucleus and satellite): 주장(핵)과 증거(위성) 사이에 실질적인 지지관계가 있어야 한다는 것이다. 주장(핵)과 증거(위성)는 서로 무관한 두 가지 독립된 항목이 아니다.

④ 효과의 장(effect field): 의사소통은 효과가 중요하다. 다시 말해서, 청자가 핵에 대한 믿음을 가질 수 있도록 하려는 화자의 의도가 효과(effect)가 있어야 한다는 것이다(Mann & Matthiessen, 1991: 235-236).

2) 주제 관계와 제시적 관계

「수사적 구조이론(RST)」이라는 논문에서, 만과 톰슨은 텍스트의 응집성 관계를 주제 관계와 제시적 관계로 구분한다(Mann & Thompson, 1988: 256-7). 주제 관계는 독자가 해당 관계의 정보내용을 인식(recognition)하도록 의도한 것이고, 제시 관계(presentational relation)는 독자가 텍스트의 핵심 내용을 수용하거나, 신뢰하거나, 긍정적으로 고려하거나, 혹은 수행하기를 바라도록 독자의 의향(inclination)을 증가시키는 것이다. 요컨대, 주제 관계는 정보적이고, 제시 관계는 의도를 강화한다는 것이다.

만과 톰슨은 주제 관계와 제시적 관계라는 구분에 근거하여 응집성 관계의 유형에 관한 분류표를 제시하였다. 그러나 응집성 관계의 유형을 반 다이크(van Dijk, 1977)는 의미론과 화용론의 구별에 따라 분류하고, 샌더스 등(Sanders et al., 1992)은 4가지 인지적 기본요소(cognitive primitives)에 따라 분류하는 경우도 있기 때문에, 만과 톰슨은 응집성 관계를 주제 관계와 제시적 관계 같은 "한 가지 체계에 따라 분류해야 하는 것은 아니라"는 점을 강조한다(Mann & Thompson, 1988: 256; Taboada & Mann, 2006: 435). 그러나 응집성 관계를 주제 관계와 제시적 관계로 분류하는 것이 텍스트 해석에 유용하다는 것이다(Mann & Thompson, 1988: 257).

① 주제 관계(ubject matter)
- 명료화(elaboration)
- 상황(circumstance)
- 해결책(solutionhood)
- 의지적 원인(volitional cause)
- 의지적 결과(volitional result)

제3장 텍스트 분석과 논증

- 비의지적 원인(non-volitional cause)

- 비의지적 결과(non-volitional result)

- 목적(purpose)

- 조건(condition)

- 아니면(otherwise)

- 해석(interpretation)

- 평가(evaluation)

- 재진술(restatement)

- 요약(summary)

- 서열(sequence)

- 대조(contrast)

② 제시적 관계(presentational relations)

- 동기(motivation): 행동하려는 의욕(desire to act)을 증가시키도록 제시

- 반론(antithesis): 긍정적 고려(positive regard)의 정도를 증가시키도록 제시

- 양보(concession): 긍정적 고려(positive regard)의 정도를 증가시키도록 제시

- 배경(background): 이해할 수 있는 능력(ability to understand)을 증가시키도록 제시

- 가능성(enablement): 행할 수 있는 능력(ability to act)을 증가시키도록 제시

- 증거(evidence): 말한 것에 대한 믿음(belief in what is said)을 증가시키도록 제시

- 정당화(justify): 말한 것을 수용할 준비태세(readiness to accept)를 증가시키도록 제시

3) 논쟁적 텍스트 분석과 수사학적 구조이론

수사적 구조이론(RST)은 응집성 관계를 주제 관계와 제시적 관계로 구분한다. 그중에서도 특히 제시적 관계는 독자가 텍스트의 핵심 내용을 수용하거나, 신뢰하거나, 긍정적으로 고려하거나 혹은 행동하려는 의욕을 강화시키는 기능을 수행하기 때문에, 논쟁적 텍스트의 분석에 유용하다. 다시 말해서, 7가지 제시적 관계 중 동기(motivation)는 유인적(incentive) 논쟁이고, 반론(antithesis)과 양보(concession)는 설득적 논쟁이고, 증거(evidence)는 지원적 논쟁이고, 정당화(justify)는 정당화하는 논쟁으로, 모두 논쟁적 제시 관계이기 때문에 논쟁적 텍스트의 분석에 결정적으로 중요하다는 것이다(Azar, 1999: 97).

그러나 제시적 관계에 속하는 동기화, 반론, 양보, 배경, 가능성, 증거, 정당화 등 7가지 관계들 중에서, 배경과 가능성 두 가지는 논쟁적 관계와 일치되지 않는다. 이해할 수 있는 능력(ability to understand)을 증가시키도록 제시되는 배경(background)은 설명적 관계일 수는 있으나 논쟁적 관계로 볼 수는 없다. 행할 수 있는 능력을 증가시키는 가능성(enablement)도 행동하려는 의욕을 증가시키는 동기화와 같은 것이 아니기 때문이다.

배경과 가능성 두 가지는 의욕(desire)이 아니라 능력(ability)을 증가시키는 것이고, 그래서 논쟁적 관계의 목록에서 제외한다. 결국 증거, 동기화, 정당화, 반론, 양보 관계 등 5가지 관계만 논쟁적 관계와 일치된다는 것이다(Azar, 1999: 103-106).

5
에머런의 화용-변증법

　화용-변증법적 이론(Pragma-Dialectical Theory)은 네덜란드 암스테르담대학교에서 에머런과 그루텐도스트(Eemeren & Grootendorst, 1984; 1992; Eemeren, 1995) 등을 중심으로 최근에 활발하게 연구되고 있는 논쟁적 담론분석에 관한 이론이다. 논쟁에 대한 화용-변증법적 접근은 한편으로는 오스틴(Austin)과 설(Searle)의 화행이론과 그라이스(Grice)의 대화의 격률 같은 화용론적 통찰의 영향을 받고, 다른 한편으로는 포퍼(Popper)의 비판적 합리주의(critical rationalism)와 변증법적 논리의 특징을 이어받았다. 특히 포퍼는 인간이 비록 이성적 존재라고는 해도 인간 이성은 오류를 범할 수 있기 때문에, 우리에게 가능한 것은 확실한 연역이 아니라 가설적 연역이고, 명석판명한 합리성이 아니라 비판적 합리성이라는 것이다(Eemeren & Grootendorst:, 2004: 51-52). 다시 말해서, 화용-변증법적 이론은 포퍼의 비판적 합리성 혹은 비판적 성찰을 논쟁에 임하는 규범적 가치로 생각한다.

논쟁의 연구를 위한 화용-변증법적 접근은 기능화, 외면화, 사회화, 변증법화로 요약되는 네 가지의 메타이론적 원칙(meta-theoretical principles)에서 출발한다(Eemeren & Grootendorst:, 2004: 52-57). 이들 네 가지 원칙을 설명하는 과정이 곧 화용론적 차원과 변증법적 차원이 통합되어야 할 필요성을 강조하는 과정이 된다.

1) 기능화(functionalization)의 원칙

논쟁은 원래 반대주장(counterclaim), 대립, 비판, 비동의(disagreement)를 해결하기 위해 필요한 것이다. 논쟁의 기능은 의견 차이와 대립을 극복하는 것이다. 논쟁에 대한 화용-변증법적 접근은 논쟁이 의견 차이를 해소하는 과정에 수행하는 기능을 강조하는 접근이라고 할 수 있다. 다시 말해서, 논쟁적 담론(argumentative discourse)을 구성하는 화행(speech acts)의 궁극적 목적은 의견 차이를 해소하는 기능에 있다는 것이다.

2) 외면화(externalization)의 원칙

논쟁을 한다는 것은 화용론적으로 어떤 입장에 대한 반대입장이 제기된다는 것이다. 어떤 사람이 제기한 주장이 입증 가능한 것인지, 아니면 입증 불가능한 주장인지를 밝히기 위해서는 그 주장은 공적 검증(public scrutiny)을 받아야 한다. 다시 말해서 신념, 추론, 해석 같은 내면적 과정이 논쟁의 이면에서 작동한다고 해도, 논쟁을 통해서 주장이 관철되기 위해서는 내면적 사고가 외면화되어 공적 인정을 받아야 한다는 것이다.

3) 사회화(socialization)의 원칙

논쟁은 개인이 혼자 어떤 결론을 도출하는 과정이 아니다. 논쟁은 두 사람 이상이 의견의 차이를 극복하고 합의를 추구하는 담론적 과정이다. 어떤 입장의 제안자(the protagonist of a standpoint)가 그 반대자(antagonist)의 반대 주장, 대립, 비판, 도전에 직면하여 대화적 상호작용 속에 반응하는 협동적 방식(collaborative way)이 논쟁에 반영되는 것이다. 이 점이 곧 화용-변증법적 접근에서 논쟁이 항상 사회적 맥락에서 진행되는 문제 해결 과정이라고 주장하는 이유라 할 수 있다.

4) 변증법화(dialectification)의 원칙

대화분석가들은 전개되는 논쟁을 있는 그대로 기술하는 일에만 몰두하고, 의견 차이를 해소하는 데 적절한 수준이 되기 위해서 논쟁이 규범적으로 어떻게 전개되어야 하는가에 대한 비판적 성찰이 거의 없는 것이 특징이다. 합리적 비판을 제기하고 합리적 비판을 수용할 수 있는 논쟁을 적절한 논쟁이라고 할 수 있다. 우리가 논쟁적 상호작용(argumentative exchange)에서 수행되는 화행(speech acts)을 의견 차이 해소에 목적을 둔 비판적 논의에서 관찰할 수 있는 규칙에 따라 수행되어야 할 화행으로 간주할 때 변증법화가 이루어진다는 것이다(Eemeren & Grootendorst:, 2004: 57).

논증적 혹은 논쟁적(argumentative) 담론은 특정 주제에 대한 자신의 주장을 뒷받침할 근거를 제시하면서 논리정연하게 설득해야 하는 화행이기 때문에 상당히 까다로운 유형의 커뮤니케이션에 속한다. 화용—변증법적 이론에서는 논쟁 참여자가 견해의 차이를 극복하기 위한 비판적 논의의 과정을 대면단계, 개시단계, 논쟁단계, 결론단계 등 네 단계로 구분한다(Eemeren & Grootendorst:, 2004: 59-62).

① 대면단계(confrontation stage) : 어떤 입장에 대한 의견 차이가 드러나는 단계를 뜻한다.

② 개시단계(opening stage) : 논의의 형식, 발언 차례 같은 참여자가 공유해야 할 공통의 기반을 확인하는 단계를 뜻한다.

③ 논쟁단계(argumentation stage) : 이 단계에서는 제안자(protagonist)가 그의 주장을 제시하고 방어하며, 그 반대자(antagonist)는 이 주장에 의문을 제기하고 비판한다.

④ 결론단계(concluding stage) : 논쟁을 통한 의견 차이의 해소 여부나 해소 방식은 결론단계에서 최종적으로 드러난다.

에머런과 그루텐도스트에 따르면, 논증(argumentation)은 논쟁 참여자 사이의 의견 차이를 해소하기 위해 전개되는, 주장과 반박이 오가는 비판적 논의의 과정이다. 화용—변증법적 이론은 논쟁을 통해서 의견 차이를 해소하려는 합리적 참여자들이 준수해야 할 10가지 행위의 규칙(code of conduct)을 제안하면서, 이를 비판적 논의의 열 가지 계명이라고도 부른다(Eemeren & Grootendorst:, 2004: 190-196).

① 자유의 규칙(freedom rule) : 논쟁 참여자는 누구나 입장을 표명하거나 의문을 제기할 자유를 누릴 수 있어야 한다.

② 입증 책임의 규칙(burden-of-proof rule) : 입장을 표명한 사람은 요구가 있을 때는 언제나 그 입장을 입증할 책임이 있다.

③ 입장의 규칙(standpoint rule) : 다른 사람이 실제로 제기하지 않은 입장을 공격하지는 않아야 한다.

④ 관련성 규칙(relevance rule) : 자신의 입장을 옹호할 경우에, 그 입장에 관련된 논증을 통해서 옹호해야 한다.

⑤ 암묵적 전제의 규칙(unexpressed-premise rule) : 제안자(protagonist)가 자신의 암묵적 전제를 옹호할 의무를 회피하거나, 혹은 그 반대자(antagonist)가 타인의 암묵적 전제를 왜곡한다면, 의견의 차이를 해소할 수 없다.

⑥ 출발점 규칙(starting-point rule) : 수용되지 않은 것을 수용된 출발점으로 착각하거나, 수용된 출발점을 거부하지 않아야 한다.

⑦ 타당성 규칙(validity rule) : 결정적인 논거로 제시된 추론은 논리적으로 타당해야 한다.

⑧ 논증도식의 규칙(argument scheme rule) : 적절한 논증도식에 의해서 옹호되지 않은 입장은 결정적으로 옹호된 입장으로 볼 수 없다.

⑨ 결론의 규칙(concluding rule) : 어떤 입장의 옹호에 실패하면, 제안자도 마땅히 그 입장을 취소해야 하고, 어떤 입장의 옹호에 성공하

면, 그 반대자도 비판을 자제해야 한다.

⑩ 언어 사용의 규칙(language use rule) : 논쟁 참여자는 누구나 분명하지
않거나 애매한 언어를 사용하지 않아야 하고, 상대편의 언어를 정
확하게 왜곡하지 않아야 한다.

제4장

대화분석

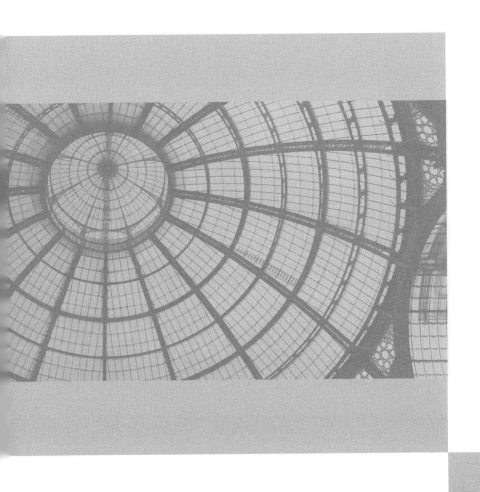

1
이론적 배경

대화분석(conversation analysis: CA)은 1960년대와 1970년대에 캘리포니아대학(LA)의 사회학 교수였던 삭스(Harvey Sacks)가 그의 동료 세글로프(Emanuel Schegloff) 및 제퍼슨(Gail Jefferson)과 함께 개발한 언어분석 방법이다. 그러나 담론분석은 주로 고프만(Erving Goffman)과 가핑클(Harold Garfinkel)의 영향하에 사회학의 독특한 접근방법으로 발전할 수 있었다. 삭스와 세글로프는 60년대에 캘리포니아대학(Berkeley)에서 고프만의 제자였고, 거의 같은 기간에 캘리포니아대학(LA)에서 가핑클도 자주 만났다. 따라서 우리는 담론분석의 본론에 들어가기 전에 우선 CA의 이론적 배경인 고프만의 연극론적 사회학(dramaturgical sociology)과 가핑클의 민속방법론(ethnomethodology)의 핵심적 명제를 간략하게 검토하기로 한다.

고프만(Goffman, 1922~1982)은 토론토대학을 졸업(1945)하고, 시카고대학에서 의사소통에 관한 논문으로 사회학 박사학위(1953)를 받았다. 그 후 UC 버클리와 펜실베니아대학에서 사회학 교수를 역임하였다. 『일상적 삶의 자아 연출(*The Presentation of Self in Everyday Life*)』(1959)과 『상호작용 의례(*Interaction Rituals*)』(1967) 등이 그의 대표적 업적이다. 우리는 누구나 대면적 상호작용(face-to-face interaction)의 과정에서, 다른 사람 앞에서 말을 할 때 다른 사람이 나에 대해서 좋은 인상을 갖도록 연출을 하고, 나에 대한 긍정적 이미지를 가지길 바라는 경향이 있다는 것이다. 반면에 다른 사람이 화자가 되어 말을 하는 동안에도, 우리는 침묵 속에 그냥 듣기만 하는 무심한 구경꾼이 아니라, 화자의 말을 들으면서 동의를 하거나, 동의할 수 없을 때는 반대의 이유를 사리에 맞게 제시해야 한다. 동의할 수는 없지만 꼭 반대까지 해야 할 필요가 없는 경우에도 화자의 주장에 공감한다는 뜻을 나타내는 표정이나 몸짓 혹은 "그렇군, 맞아" 같은 간단한 "맞장구치기(back-channeling or response tokens)"라도 사용해야 화자와 청자, 공연자와 관객 간에 원만한 상호작용이 지속될 수 있다는 것이다(이성범, 2007: 232-233).

　일상적 상호작용의 과정에서, 우리가 자아를 연출하는 이러한 현상은 마치 세상이라는 무대에서 자기 자신을 미화하는 공연과 다를 바 없기 때문에, 고프만의 사회학을 연극론적 사회학(dramaturgical sociology)이라고도 부른다. 연극론적 사회학은 "무대 위(front stage)"와 "무대 뒤(back stage)"에서 우리가 수행하는 행동을 사뭇 다르게 묘사한다. 무대 위에서 우리는 관객이 기대하는 모습을 연기하려고 노력한다. 관객들이 내 공연을 보고 평가한 결과가 바로 나의 객관적 정체성(objective identity)이고, 이는 내가 나 자신을 평가하는 주관적 정체성뿐만 아니라, 내 존재 자체에 엄청난 영향을 미칠 수 있기 때문에 더할 나위 없이 중요한 것이다. 고프만의 연극론적 사회학이 강조하는 중요한 명제는 우리의 일상적인 대면적 상호작용(face-to-face interaction)에도 철저한 질서가 있고, 이러한 질서도 정치나 경제 질서에 못지않게 체계적으로 연구할 가치가 있다는 것이다. 요컨대, 고프만의 사회학이 강조하는 핵심은 우리의 일상적 상호작용에도 엄연한 질서가 있다는 것이다.

가핑클(Harold Garfinkel, 1917~2011)은 뉴저지주의 뉴어크(Newark)에서 태어나 그곳 뉴어크대학을 졸업하고, 노스캐롤라이나대학에서 사회학 석사학위를 받고, 군복무를 마치고 2차대전이 끝난 후에 하버드대학에서 파슨스(Parsons)의 지도하에 사회학을 공부하다가 「타인의 지각 : 사회질서의 연구」(1952)라는 논문으로 박사학위를 받았다. 가핑클은 1954년 미국 사회학회(ASA)에서 학술발표를 하면서 "민속방법론(ethnomethodology)"이라는 용어를 처음 사용하였고, 1954년부터 캘리포니아대학(UCLA)의 사회학 교수로 근무하게 되었다.

민속방법론은 사회적 상호작용(social interaction)을 통해서, 사회적 상호작용의 과정에서 사회질서(social order)가 형성되는 방식을 연구하는 사회학의 한 분야이다. 마르크스의 갈등이론이나 파슨스의 기능이론 같은 당시의 전통적 사회학은 거시사회학이고, 갈등이나 합의 같은 규칙을 강조했다. 이와 대조적으로 가핑클의 민속방법론은 미시사회학이고, 사회 구성원들 간의 대면적 상호작용을 중요시하였다. 가핑클의 관점은 거시사회학의 규칙이 중요하지 않다는 것이 아니라, 거시사회학의 이러한 규칙도 궁극적으로는 구성원들이 대면적 상호작용과 타협의 과정에서 형성한 규칙이고 구성원들이 만든 규칙이라는 것이다. 민속방법론은 사회 구성원인 사람들(ethno)이 일상적 상호작용을 통해서 규칙과 질서를 만들어 내는 방법(method)에 관한 학문(logy)이라고 할 수 있다.

대화분석(CA)은 고프만의 연극론적 사회학과 가핑클의 민속방법론의 기본명제를 종합한 것이다(Hoey and Kendrick, 2018: 2). 다시 말해서, 대화분석의 기본원칙은 두 가지 사회학적 명제 혹은 주장에 토대를 둔 것이라 할 수 있다. 하나는 우리의 일상적 상호작용에도 엄연한 질서가 있다는 고프만의 주장이고, 다른 하나는 이러한 질서는 대화에 참여한 사람들에 의해 만들어지고 유지되는 것이라는 가핑클의 주장이다. 앞에서 소개한 것처럼, 대화분석의 보다 직접적 창시자는 UCLA의 삭스(Harvey Sacks)였다. 삭스는 1963년과 1964년에 LA의 자살예방센터(Suicide Prevention Centre)에 걸려온 전화와 상담사 간의 대화를 본격적으로 분석하기 시작하였고 이것이 대화분석의 효시가 된 것이다(Drew and Heritage, 2006).

2

대화분석의 기본상정

일상적 대화(ordinary conversation)를 분석하는 이러한 연구가 지금은 인문사회과학 여러 분야에 뚜렷한 하나의 질적 연구 접근으로 정착되었다. 그러나 삭스(Sacks)가 대화분석을 시작하던 1960년대 당시로서는 일상적 대화를 분석하는 연구는 하나의 획기적 사건이었다. 그 이유는 무엇보다도 20세기의 대표적 언어학자로 유명한 미국의 촘스키(Chomsky)나 스위스의 소쉬르(Saussure)는 모두 일상언어는 연구할 가치가 없다고 생각하던 시대였기 때문이다.

촘스키의 언어이론은 언어수행과 언어능력을 구별한다. 언어능력은 말을 잘 하는 능력이 아니라 말하는 행동을 가능하게 해주는 마음속에 내재한 선천적 언어능력을 뜻한다. 보거나 들을 수 있는 언어행동은 경험적 현상이고, 보거나 들을 수 있는 언어행동을 가능하게 해주는 내면의 언어능력은 현상 이면의 본질이다. 본질주의 철학자인 촘스키는 경험적 현상인 언어수행(linguistic performance)보다는 현상 이면의 본질인 언어능력(linguistic competence)을 중요시한다. 언어수행은 피로나 산만 때문에 오류가 나타날 수 있으나, 내면의 선천적 언어능력은 오류가 있을 수 없기 때문에 촘스키는 언어학의 연구과제는 언어수행이 아니라 언어능력이라고 본다. 촘스키는 밖으로 드러나는 언어수행을 외재적 언어(external language: E-language), 개인의 마음/두뇌(mind/brains)에 생물학적으로 코드화된 선천적 언어능력을 내재적 언어(internal language: I-language)라고 부른다(전경준, 1998: 801; Barman, 2012: 115).

언어능력은 생득적(innate)이라는 것이 촘스키의 중요한 기본상정이다. 그의 이러한 언어 생득설(nativism)은 자극-반응 심리학과 반복된 경험을 강조하던 당시의 행동주의 영어교육 방법의 타당성을 정면으로 비판하는 것이다. 태어날 때 인간의 마음은 백지 상태가 아니라, 선천적 언어능력을 가지고 태어난다. 이 초기 상태의 선천적 언어능력이 후천적 경험을 통해서 안정된 상태의 언어능력으로 발전한다는 것이다. 후천적 경험이 시작되기 전을 뜻하는 초기 상태의 언어능력을 보편문법(Universal Grammar: UG)이라고 한다. 그러나 우리는 선천적으로 타고난 초기 상태의 언어능력이 무엇인지를 모른다. 그래서 언어능력은 언어구조에 관한 무의식적 지식(unconscious knowledge)이라고 한다(Barman, 2012: 113). 의식하지 못하지만 언어구조를 알 수 있는 능력을 타고났다는 것이다. 예컨대 교육을 받지 못하고, 문법 용어를 전혀 모르는 옛날 노인도 간단한 언어규칙을 익히고 나면 이를 토대로 무한히 많은 수의 문장을 변형생성할 수 있는 놀라운 능력을 발휘하는데, 이는 단순한 학습의 결과라기보다는 선천적 언어능력의 위력이라는 것이다. 이러한 언어능력의 정체가 무엇인가를 밝히는 것이 언어학의 연구과제라 할 수 있다.

소쉬르도 언어를 파롤과 랑그라고 부르는 두 차원으로 구분한다. 파롤(parole)은 말하는 사람에 따라 다르고 같은 사람이라도 매번 달라지는 일회적인 개별적 발화(individual utterance)를 뜻하고, 랑그(langue)는 언어 사용에 관한 사회적 규칙 체계를 뜻한다. 누가 언제 어떤 목소리로 말해도 언어 사용의 사회적 규칙에 맞아야 의사소통이 가능하기 때문에 언어현상에 관한 한 개별적 발화보다는 사회적 규칙이 중요하고, 파롤보다는 랑그가 중요하다. 따라서 소쉬르는 파롤보다는 랑그가 언어학의 연구대상이 되어야 한다고 본다. 소쉬르가 파롤과 랑그를 구별하는 것은 촘스키가 언어수행과 언어능력을 구별하는 것과 유사하다. 소쉬르가 파롤보다 랑그를 중요시하고, 촘스키가 언어수행보다 언어능력을 중요시하는 것도 비슷하다. 그러나 소쉬르의 랑그 개념과 촘스키의 언어능력 개념 사이에는 상당한 차이가 있다. 소쉬르의 랑그는 사회적 규칙(social rule)이고, 촘스키의 언어능력은 개인적 자질(individual endowment)이다. 소쉬르의 랑그는 후천적으로 학습된 사회적 관행이고, 촘스키의 언어능력은 선천적 소여(natural endowment)라는 점에서 결코 동일시할 수 없는 이질적 개념이다 (Araki, 2015: 8-9). 그러나 소쉬르가 언어학의 연구대상은 랑그이고 파롤은 연구할 가치가 없다고 본 것이나, 촘스키가 언어학의 연구대상은 언어능력이지 언어수행이 아니라고 강조한 점은 공통된 특성이다. 이러한 주류 언어학의 전통에 비추어 볼 때, 일상적 대화를 학문적 분석의 대상으로 삼은 삭스(Sacks), 세글로프(Schegloff), 제퍼슨(Jefferson) 등의 대화분석적 연구경향은 하나의 획기적 사건이 아닐 수 없다.

캘리포니아대학(LA)의 사회학자였던 삭스가 1960년대 초에 그의 동료 세글로프 및 제퍼슨과 함께 시작한 대화분석(CA)은 사회적 삶을 구성하는 기본지형인 상호작용의 대담(talk-in-interaction)을 기술하고 분석하고 이해하기 위한 것이다(Heritage, 2013: 2; Sidnell, 2010: 1). 초기 단계에서 CA 분야에 가장 유명한 논문은 「대화에서 발언 차례 지키기의 조직에 관한 간단한 체계(A simplest systematics for the organization of turn-taking for conversation)」(Sacks, Schegloff & Jefferson, 1974)로 미국언어학회(Linguistic Society of America)에서 발간하는 저널(Language)에 실렸고, 한동안은 가장 많이 인용된 논문으로 화제작이었다(Joseph, 2003).

초기 단계의 CA 연구는 친구들이나 친지들과 나누는 일상적 대화(ordinary conversation)와 법정에서 판검사와 피의자, 교실에서 교사와 학생, 병원에서 의사와 환자 사이에 오가는 제도적 대담(institutional talk)의 차이를 구별하지 않았다. 그러나 1970년대 말 「법정의 질서 : 사법적 환경에서 언어적 상호작용의 조직」(Atkinson and Drew, 1979)이라는 논문이 발표된 이후부터는 일상적 대화와 제도적 대담을 구별하기 시작하였다(Heritage, 2013: 3). 관점에 따라서 제도적 상호작용은 일상적 대화와 다른 고유의 특성이 있다. 판검사와 피의자 간의 관계나 의사와 환자 간의 대담관계와 같은 제도적 상호작용은 우호적 대화가 목적이 아니라, 피의자의 유죄 여부에 대한 판단이나 환자 질환에 대한 처방 같은 목적지향적 관계이기 때문에, 대화의 시작(openings)과 발언 차례 배정(allocation of turn-taking) 그리고 대화 끝내기(closings)의 내용과 방식이 일상적 대화와 다를 뿐만 아니라, 참여자 각자가 맡은 역할에 비추어 수용될 수 있는 행위에 한정이 있다는 점에서 일상적 대화와는 뚜렷한 차이가 있다(Heritage, 2013: 3-4).

일상적 대화(ordinary conversation)와 제도적 대담(institutional talk) 간의 차이에 대해서는 헤리티지(Heritage)의 「Language and Social Institutions: A Conversation Analytic View」(2013)에서 보다 자세한 논의를 접할 수 있고, 여기서는 일상적 대화와 제도적 대담 혹은 제도적 대화의 차이를 초월하여 모든 대화분석에 공통된 기본상정을 요약하기로 한다. CA의 기본상정 중 가장 중요한 첫째 상정은 일상적 대화에도 엄연한 질서가 있다는 것이다. 이는 일상적 대화는 무질서하기 때문에 연구할 가치가 없다는 촘스키의 언어관이 지배적 관점이었던 당시로서는 획기적이었고, 삭스의 "가장 독창적인 주장"이다(Seedhouse, 2005: 166). 대화를 할 때 우리는 교대로 이야기를 하고, "한 번에 꼭 한 사람이 발언하면서(one party talks at a time)", 발언 차례를 지키는(turn-taking) 관행을 보면, 일상적 대화가 질서정연하게 진행된다는 주장의 타당성을 입증한다는 것이다(Sacks, Schegloff & Jefferson, 1974:700-701).

둘째 상정은 대화에서는 순차적 구성(sequential construction)이 중요하다. 특정 발언은 선행 발언의 맥락에 의해 그 의미가 형성되고, 다음 발언의 의미구성의 맥락을 형성한다. 다시 말해서, 대화에 대한 기여는 대화의 맥락에 의해 형성되면서 동시에 맥락을 형성한다(contributions to interaction are context-shaped and context-creating)는 것이다(Seedhouse, 2005: 166). CA에서 맥락이라고 하는 것은 대화 외부의 사회적 맥락이 아니라, 특정 발언에 선행 혹은 후속하는 대화 내부의 문맥을 뜻하는 개념이다(Seedhouse & Sert, 2011: 1-2).

셋째 상정은 어떤 세부적 질서도 결코 무의미하다거나 무질서한 것으로 미리 속단할 수 없다. 예컨대 침묵(silence), 억양과 리듬의 변화(changes in intonation and rhythm), 속삭임(whispers), 일시적 중지(pauses) 같은 세부적인 것들(details)도 결코 무의미하지 않다는 것이다(Seedhouse, 2005: 166).

넷째 상정은 CA는 상향적이면서 데이터 위주의 분석(bottom-up and data driven)을 중요시하기 때문에, 데이터를 해석할 때, 권력이나 성별 혹은 인종적 관련성 같은 근거 없는 이론적 상정으로 접근하지 않는다는 것이다(Seedhouse & Sert, 2011: 2). 요컨대 CA의 기본상정은 일상적 대화에도 엄연한 질서가 있고, 대화에서는 순차적 구성이 중요하고, 어떤 세부적 사항도 결코 무의미한 것으로 속단할 수 없고, 권력, 성별, 인종적 관련성 같은 근거 없는 이론적 상정을 배격한다는 네 가지 명제로 요약할 수 있다.

3

대화분석의 핵심요소

대화분석은 대화 혹은 전화(telephone)의 시작(opening)과 발언 차례 지키기와 순차적 발언 및 끝내기(closing)의 구조적 과정을 체계적으로 연구함으로써 대화의 전반적 조직(overall organization of conversation)을 분석하려고 노력하였다. 대화의 시작과 발언 차례를 지키는 순차적 발언 및 끝내기의 전체 과정 중에서 가장 중요한 것이 무엇인가에 대해서는 학자에 따라 다를 수 있을 것이다. 그러나 여기서는 대화분석의 선구자라 할 수 있는 삭스, 세글로프, 제퍼슨이 대화의 핵심개념으로 분석하는 발언 차례 지키기(turn-taking), 대화의 순차적 조직 및 선호(preference)와 비선호(dispreference) 등의 개념을 중심으로 CA의 핵심개념을 검토한다.

1) 발언 차례 지키기(turn-taking)

삭스, 세글로프, 제퍼슨은 세 사람이 공저로 낸 논문 「A Simplest Systematics for the Organization of Turn-Taking for Conversatio」(1974)에서, 대화 참여자들이 발언 차례를 지키면서 순차적으로 발언을 교대하는 과정과 관련된 두 가지 요소를 상정하였다. 한 가지 요소는 발언 차례 구성요소(construction component)이고, 다른 한 가지 요소는 발언 차례 할당요소(allocation component)이다.

발언 차례 구성요소(turn construction component)는 발언 구성단위(turn construction unit: TCU)들로 만들어진다(Wooffitt, 2005: 26). 여기서 발언 구성단위(TCU)라고 하는 것은 "Yes" 같은 어휘단위, "On the table" 같은 구단위(phrasal unit), "Where the sidewalk is?" 같은 절단위(clausal unit) 혹은 문장단위 등 통사론적 단위들을 뜻하고, 이는 아래와 같은 구체적 사례에서 볼수 있는 것처럼, 발언 차례를 구성하는 중요한 기본요소들이다. 아래의 예문 중에서 화살표는 대화 중 화자가 바뀌기에 가장 적합한 이른바 전이적합지점(transition relevant place: TRP)을 나타낸다.

(예문 1) Example of single word turn (SSJ, 1974: 702)

    Fern: Well they're not comin',

→ Lana: Who.

    Fern: Uh Pam, unless they c'n find somebody.

(예문 2) Example of single phrase turn (SSJ, 1974: 702)

    Anna: Was last night the first time you met Missiz Kelly?

→ Bea: Met whom?

Anna: Missiz Kelly

Bea: Yes

발언 차례 할당요소(turn allocation component)는 대화에서 다음 발언권을 할당하는 것 혹은 다음 화자를 선택하는 기법을 뜻한다. 두 가지 기법이 있다(SSJ, 1974: 703). 하나는 현재의 화자가 다음 화자를 선택하는 방법이고(techniques in which next turn is allocated by current speaker's selecting next speaker), 다른 하나는 현재의 화자가 전이적합지점(TRP)에서도 다음 화자를 선택하지 않는 경우에는 다음 화자가 스스로를 선택하는 경우이다(techniques in which a next turn is allocated by self-selection).

2) 인접쌍: 조건적 적합성

정상적인 대화는 중첩이나 단절이 거의 없는 대담의 순차적 조직(sequential organization)이고, 인접쌍(adjacency pair)은 순차적 조직의 기본단위라 할 수 있다(Sidnell, 2016: 12). 인접쌍은 서로 다른 화자의 발화가 인접되어 쌍을 이룬 표현으로, 쌍의 첫째 부분은 거기에 맞는 둘째 부분을 수반하는 고유의 질서를 갖고 있다(Wooffitt, 2005: 32). 예컨대, "Hello-Hi"는 인사(Greeting-Greeting)의 인접쌍이고, "Jimmy!-Coming"은 부름과 대답(Summons-Answer), "Can I have some sugar?-Sure"는 요청과 들어줌(Request-Grant), "Chocolate?-I'm on a diet thanks"는 제안과 사양(Offer-Reject)

을 각기 나타내는 인접쌍들이다.

인접쌍은 쌍(pair)의 첫 부분(first pair part)과 둘째 부분(second pair part)이 연속된 순차적 조직이다. 그 대표적 특징은 화자가 인접쌍의 첫째 부분을 발화하면, 적절한 둘째 부분을 기다리게 되는 것이다. 다시 말해서, 우리는 누구나 어떤 표현이 다른 표현에 인접되는 것이 적절하다는 것을 알고 있다. 답변은 그에 선행하는 질문(question)이 있는 조건하에서 적절하고, 답례로 표현하는 인사(a return greeting)는 인접쌍의 첫 부분(first pair part: fpp)에서 인사를 받은 조건하에서 적절한 표현이라는 것이다. 수용이나 정중한 거절(acceptance or declination)은 그 앞에 먼저 초청(invitation)이 있는 조건하에서 적절한 표현이고, 반박이나 정당화도 그 앞에 먼저 비난(accusation)이 선행하는 조건하에서 적절한 것처럼, 인접쌍의 둘째 부분(second pair part: spp)은 그 앞의 첫째 부분(fpp)이 선행하는 조건하에서 그 표현의 적절성이 인정된다는 것이다. 세글로프의 "조건적 적합성(conditional relevance)" 개념은 일상적 대화의 이러한 순차적 특성이 갖는 질서를 해명하기 위한 것이다(1968: 1083).

아래의 (예문 3)은 제안과 수용(offering and acceptance)이 인접된 쌍을 이루는 구체적 대화의 사례이다(Pillet-Shore, 2017: 2). Charles는 Nina의 조카(adult nephew)이다. Charles가 Nina의 집을 방문하여, 현관에서 식당까지 걸어가면서 두 사람이 약 20초 동안 나눈 상호작용이다.

(예문 3) Offering-accepting adjacency pair

    1 Nina: Do you wantu:m: (a-/ uh-) cuppa coffee er

2   somethi [n?

3 Charles： [Ye： ah ． = I would absolutely lo：ve a cup of coffee．

Line 1-2는 Nina가 표현한 말이고, line 3은 Nina가 한 말에 대해서 Charles가 나타낸 반응이다. 두 사람이 나눈 대화의 주제는 커피 대접일 텐데, 분석의 초점은 주제 그 자체보다는 참여자들의 행위를 실시간으로 모니터링하면서, 각 참여자가 발화를 통해 수행하는 행위(action)를 자세하게 분석하고 있다. 그래서 Nina가 "Do you wantu：m： (a-/uh-) cuppa coffee er somethin?"라고 말할 때, 그는 자신의 말을 질문으로 구성하였고, 그 질문을 Charles에게 제안하는 행위(the action of offering)를 수행하는 수단으로 사용하였다. Charles도 Nina의 제안에 "Ye：ah.=I would absolutely lo：ve a cup of coffee."라고 반응하면서, 수용하는 행위(the action of accepting)를 적극적으로 수행하였다. 요컨대 우리는 순차적 상호작용(sequence of interaction)을 통해서 인사하고, 제안하고, 사양하고, 사과하고, 요청하고 질문하고, 거절하는 등 상황에 적합한 행위를 수행한다. 어떤 행위는 순차적 상호작용을 시작(initiate)하고 어떤 행위는 이에 반응한다. 대부분의 대화적 상호작용은 이러한 순차 구성의 기본단위(basic unit of sequence construction)라 할 수 있는 인접쌍(adjacency pair)으로 조직된다(Heritage, 1984： 246-247; Pillet-Shore, 2017： 3).

3) 선호와 비선호

선호와 비선호(preferrence and dispreferrence)는 인접쌍 개념과 깊이 관련된 현상이다. 상호 간에 의견이나 정보를 주고받는 것이 대화이기 때문에, 대화에서는 초대나 제안을 받으면 수용하거나 거절해야 하고, 요청을 받아도 수용하거나 거절해야 한다. 인사를 받으면 답례 인사를 해야 하고, 비판을 받아도 동의를 하거나 아니면 상대편 체면을 훼손하지 않도록 정중하게 해명을 해야 한다. 이와 같이 인사를 받으면 답례인사를 하고, 요청을 받으면 수용하거나 거절하는 것처럼, 일상적 대화 중에는 인접된 쌍을 이루는 관계가 많다. 이러한 인접쌍의 둘째 부분(second pair part: SPP)은 그 구조가 단순한 구조와 복잡한 구조로 나누어진다. 다시 말해서, 인접쌍의 둘째 부분이 선호되는(preferred) 사회적 행위와 선호되지 않는(dispreferred) 사회적 행위로 나누어진다. 아래의 (예문 4)와 (예문 5)를 비교해보면 이해가 쉽다(Mey, 2001:151).

(예문 4) [Simple-structured second part of adjacency pair]

    A: Could you help me move tomorrow morning?

    B: OK, I'll see you then.

(예문 5) [Complex-structured second part of adjacency pair]

    A: Could you help me move tomorrow morning?

    B: Well, ⋯er,⋯ let me see, I have to take Cindy to nursery

school and take my mother-in-law who has just broken her arm to the doctor and Fred my handy-man is coming over to fix the attic window, so … couldn't we make it some other day, perhaps, or does it have to be tomorrow?

(예문 4)는 일부 변형한 것이고, (예문 5)는 본문과 동일함

(예문 4)는 내일 아침에 이사가는 데 도와달라는 A의 요청에 B가 흔쾌히 수락한 경우이고, 그래서 인접쌍의 둘째 부분은 단순한 구조이고 선호하는(preferred) 사회적 행위로 나타난 것이다. 이와 대조적으로, (예문 5)는 내일 아침에 이사가는 데 도와달라는 A의 요청에 B가 흔쾌히 수락할 수 없는 상황이지만, 그렇다고 딱 잘라 거절하면 A의 체면(face)을 훼손하고, B 자신의 사회적 유대감(social bondage)도 훼손하게 되므로, 수락하지 못하고 거절할 수밖에 없는 사정을 해명해야 한다. 이러한 문맥에서 보면, CA에서 선호 개념은 개인의 주관적 현상이 아니라, 사회적 기대에 동조하는 사회적 행위로 이해해야 한다. 따라서 긍정적 반응보다 부정적 반응은 구조도 복잡하고 여러 가지 비언어적 표현까지도 동원하게 된다.

따라서 (예문 5)의 인접쌍을 이루는 둘째 부분은 "음, 어디 봅시다. Cindy를 유치원에 데려다줘야 하고, 팔을 얼마 전에 다친 장모님을 병원으로 모셔 가야 하고, 수리하는 아저씨인 Fred가 다락방 창문을 고치러 올 거고… 그러니 좀 다른 날로 하면 어떨까요. 꼭 내일이어야 합니까?"(이성범, 2007: 251)라는 B의 해명뿐만 아니라, 말의 속도, 억양과 율동의 변화, 표정 같은 사소한 것까지도 의사전달에 영향을 미치는 중요한

사회적 행위라고 보아야 한다. (예문 4)와 (예문 5)에는 없지만, 주저 혹은 멈춤(pause)이나, 타자의 견해에 호소하는 방법(you know)이나, 망설이는 듯한 반복(I-I'm, they-they 같은 stumbling repetitions) 혹은 마음으로는 동의한다는 표현(that's great, I'd love to 같은 token acceptance) 같은 세부적인 것도 의사전달에 영향을 미치는 것이다. 그래서 어떤 세부적 사항도 결코 무의미하다거나 무질서한 것으로 속단하지 않아야 한다는 것이 CA의 기본원칙에 속한다(Seedhouse, 2005: 166).

4
제퍼슨의 전사체계

대화분석가들은 주로 제퍼슨의 전사체계(Jefferson system of transcription notation)를 활용한다. 그 이유는, 대화분석에서 전사체계는 말해진 언어뿐만 아니라, 말하는 미세한 방식까지도(not only to capture what was said, but also the way in which it is said) 놓치지 않고 옮겨 적도록 설계된 것이기 때문이다. 따라서 전사(transcriptions)는 복잡한 상호작용의 특성을 자세한 내용까지 모두 제공한다. 다음 자료는 제퍼슨 전사체계에 관한 참고문헌 중 대표적인 자료들이다.

- Jefferson, G. (2004). Glossary of transcript symbols with an introduction.
- In G. H. Lerner (Ed). Conversation analysis : Studies from the first generation. (pp. 13-31). Amsterdam : John Benjamins.
- Hepburn, A. and Bolden, G. B. (2013). Transcription.
- In Sidnell, J. & Stivers, T. (Eds). Blackwell Handbook of Conversation

Analysis(pp. 57-76). Oxford : Blackwell.

제퍼슨의 전사체계에 사용된 기호들은 많으나, 아래에 제시한 것은 그중에서도 가장 일반적으로 많이 사용되는 기호들이다.

기호	의미
(1.5)	괄호 안의 숫자는 예컨대 1.5초 정도의 짧은 멈춤을 뜻한다. The number in brackets indicates a pause of 1.5 seconds, for example
[ ]	말이 중복되는 현상 Square brackets mark the start and end of overlapping speech
(( ))	이중괄호에 설명이 있는 경우는 표기법으로 나타내기 어려운 맥락적 정보를 뜻한다. Where double brackets appear with a description inserted denotes some contextual information where no symbol of representation was available. For example ((banging sound))
· hh	들숨(inhalation): A dot before an 'h' indicates speaker in-breath. The more 'h's, the longer the in-breath.
hh	날숨(exhalation): An 'h' indicates an out-breath. The more 'h's the longer the breath.
( )	텅빈 괄호는 이 부분의 말이 너무 불분명해서 전사하기 어렵다는 뜻 Where there is space between brackets denotes that the words spoken here were too unclear to transcribe
↑	상승의 억양 When an upward arrow appears it means a rise in intonation

↓	하강의 억양 When a downward arrow appears it means a drop in intonation	
=	등호는 말을 연속하는 것 The equal sign indicates contiguous utterances.	
⟩ ⟨	말의 속도가 빨라짐 The pace of the speech has quickened	
⟨ ⟩	말의 속도가 느려짐 The pace of the speech has slowed down	
(.)	아주 짧은 (0.2초보다 짧은) 멈춤 A dot enclosed in a bracket indicates pause in the talk less than two tenths of a second. Just noticeable pause	
WORD	고딕체가 나오면 주변 발화보다 큰 소리를 뜻함 Where capital leters appear it denotes that something was said loudly or even shouted	

보다 자세한 전사 부호(transcription notation)는 위에 제시된 참고문헌이나 거의 대부분의 대화분석에 관련된 서적 부록에서 발견할 수 있다.

5
대화분석의 가능성과 한계성

앞에서 거듭 강조한 것처럼, 대화분석(conversation analysis: CA)은 고프만(Goffman)의 연극론적 사회학과 가핑클(Garfinkel)의 민속방법론의 기본상정에 토대를 둔 언어분석 방법이다. 다시 말해서, 대화분석(CA)은 우리의 일상적 상호작용에도 엄연한 질서가 있다는 고프만의 사회학적 관점과 이러한 질서는 결국 대화에 참여한 사람들에 의해 만들어지고 유지된다는 가핑클의 민속방법론을 배경으로 출발한 연구전통이라 할 수 있다. CA는 우리의 일상적 대화(conversation) 혹은 상호작용에서의 대담(talk-in-interaction)이 사회적으로 구성되는 방법을 연구하고, 이를 위해서 녹음(tape recordings)과 녹음한 것을 토대로 만든 전사(transcriptions)를 자세하게 분석함으로써 상호작용의 미시적 측면을 체계적으로 분석한다.

그러나 모든 담론이론과 담론적 방법이 이러한 미시적 접근만 선호하는 것은 아니다. 예컨대, 비판적 담론이론(critical discourse analysis: CDA)도 대화분석(CA)처럼 일상적 대화(conversation)나 상호작용의 대담(talk-in-interaction)을 중요시한다. 그러나 CDA는 일상적 대화 그 자체보다는 대화나 담론에 체현된 남녀 간, 인종 간, 빈부 간, 종교 간의 지배종속관계 혹은 권력관계를 폭로함으로써 정의롭지 못한 지배종속을 극복하려는 정치적 목적을 추구하는 것이 CA와 구별되는 CDA 고유의 특징이다. 종래의 마르크스주의는 남녀 간, 인종 간, 종교 간 문화적 지배종속을 모두 경제적 지배종속의 반영이라고 보는 경향이 있었으나, 오늘날 포스트구조주의적 비판이론에서는 각 영역의 고유성과 차이를 강조하기 때문에 한 영역이 다른 모든 영역을 결정한다고 보는 결정론적 관점이나 총체론적 관점을 극복하려고 노력한다. 그래서 대화분석(CA)이 그 분석적 엄밀성을 견지하면서도 차이와 다양성을 존중하고 현상 이면의 구조적 모순을 통찰하는 포스트구주의적 관점을 수용할 수 있다면 인문사회과학의 발전에 더욱 크게 기여할 수 있을 것이다(van Dijk, 1999).

푸코의 담론분석

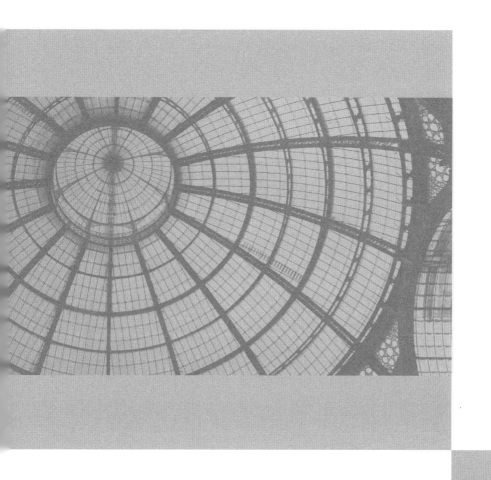

근원주의 비판

그동안 현대사회를 설명할 때 의거해오던 마르크스주의, 산업사회론, 포드주의, 모더니즘 같은 이론적 패러다임의 설명력에 결정적 한계를 실감할 정도로 엄청나게 변화된 최근의 현실을 보다 설득력 있게 설명하기 위해, 최근에는 종래의 이론적 관점을 부분적으로 수정하지 않을 수 없게 되었고, 수정을 하였으니 종래의 이론적 명칭 앞에 포스트를 붙여 포스트마르크스주의, 포스트산업사회론, 포스트포드주의, 포스트모더니즘 등으로 불리는 새로운 경향이 인문사회과학의 여러 영역에 널리 확산되고 있다. 종래의 이론적 관점을 근원주의, 새로운 관점을 반근원주의 혹은 포스트 증후군이라 한다.

포스트 증후군(post-syndrome)으로 불리는 새로운 추세를 이론적으로 해명하고 정당화하는 가장 대표적인 철학이 포스트구조주의이다. 포스트구조주의(poststructuralism)는 시대와 사회의 차이를 초월해서 보편타당한 궁극적 본질이나 근원 같은 것을 인정하지 않는다. 따라서 포스트 증후군에 해당하는 모든 새로운 관점은 물론 특히 포스트구조주의는 근원주의에 비판적인 반근원주의 철학이다. 요컨대 데리다, 푸코, 라캉, 들뢰즈, 보드리야르 등의 포스트구조주의는 방법은 각기 달라도 결론은 모두 동일성보다는 차이, 동질성보다는 이질성, 단일성보다는 다양성, 보편성보다는 고유성에 높은 가치를 부여한다.

푸코(Michel Foucault, 1926~1984)는 추상적이고 보편적 진리만을 탐구하는 철학보다는 오히려 철학적 관점을 적나라한 현실문제에 적용하기 위해, 심리학과 정신의학을 공부한 후 정신병원에서 임상경험까지 쌓은 독특한 경력의 소유자이다. 그는 추상적 이론보다 구체적 문제, 보편적 진리보다 역사적 시대마다 달라지는 이질적 진리 개념을 드러내려 한다. 정신의학적 담론의 역사를 분석한 『광기와 문명』(1961)에서는 정상과 광기, 질병 치료에 대한 담론의 역사를 다룬 『병원의 탄생』(1963)에서는 의사와 환자, 범행과 처벌에 관한 담론의 역사를 기술한 『감시와 처벌』(1975)에서는 정상인과 범인 등의 이원적 대립을 통해, 대립항의 후자를 국외자(outsider)로 타자화시킴으로써, 전자의 정상성을 강조하는 사고방식에 젖어있는 문명의 병리를 비판한다. 결국 타자라는 이유만으로 억압받고 인간 존엄성을 외면당해온 것을 비판하고, 박탈당한 존엄성을 회복시키려 한다는 점에서 푸코의 사상은 "타자"의 사회학이라 할 수 있다.

대전 후 프랑스의 지적 풍토를 주도한 사상은 현상학(phenomenology)과 실존주의였다. 이러한 사조를 대표한 인물이 사르트르였고 그의 사상과 실천은 폭넓은 지지를 받았다. 현상학과 실존주의는 의식적 주체(conscious subject)를 모든 것의 궁극적 근원이라고 생각하는 인간중심적 주체 철학이었다. 그러나 이러한 주체철학은 점차 조직화되는 자본주의 체제와 경직화된 관료체제 등 현대인의 사고와 행동에 강력한 영향을 미치는 구조적이고 제도적인 속박요인을 분석하는 데 결정적 한계가 있다는 비판이 점차 확산되었고, 이러한 시대사조를 배경으로 무의식적 구조(unconscious structure)를 강조하는 구조주의가 출현하게 되었다.

인간을 의식적 실천의 주체로 파악하는 현상학과 의식적 실천이라는 것도 궁극적으로는 무의식적 구조의 효과로 보는 구조주의는 극단적으로 대립된 사상이다. 그러나 푸코는 남극이든 북극이든 극(極)이라는 점에서 같은 것처럼, 현상학과 구조주의도 의식적 주체든 무의식적 구조든, 하나의 근원 개념에 입각하여 다양한 현상을 획일적으로 설명하는 근원주의라는 점에서 공통된 문제가 있다고 본 것이다. 요컨대 로고스, 이데아, 의식적 주체, 무의식적 구조, 절대정신, 계급갈등 같은 어떤 하나의 궁극적 근원에 입각하여 다양한 모든 현상을 획일적으로 설명하는 전통철학을 근원주의라 하고, 이러한 거창한 이야기를 거대설화(grand narrative) 혹은 거대담론(grand discourse)이라고 한다.

그러나 최근에는 다양한 모든 것을 하나의 궁극적 근원에 입각하여 획일적으로 설명하는 근원주의적 거대담론을 배격하고, 역사적 사건들의 고유성과 차이 및 이질성을 중요시하는 계보학적 분석이 설득력을 얻고 있다. 니체(Nietzsche)는 선과 악, 정상과 비정상, 진리와 허위 같은 것을 구별하는 궁극적 기준 같은 것을 인정하지 않는다. 선행 혹은 악행은 행위의 내재적 특성(inherent nature)이 아니라, 사회적으로 정의된 것이고 담론적 구성이라고 본다. 푸코도 정신병의 보편적 본질이 따로 있는 것이 아니라, 역사적 시대마다 그 시대 고유의 언어적 실천을 통해서 정신병이 사회적으로 달리 구성된다고 본다. 여기서 푸코는 담론 개념을 도입한다.

제5장 푸코의 담론분석

2
지식의 고고학

담론(discourse)은 제도화된 언어 혹은 제도적으로 실천되는 언어이기 때문에, 각 제도 영역마다 그 영역 고유의 담론이 있을 수 있다. 말하자면, 담론에는 경제적 담론, 윤리적 담론, 정치적 담론, 문화적 담론, 교육적 담론 등 다양한 담론이 있을 수 있고, 각 영역의 담론은 각기 나름의 고유한 규칙을 갖고 있다. 이와 같이 다양한 제도 영역에서 통용되는 담론들이 각기 그 고유성과 이질성을 가지기는 하나, 그럼에도 불구하고 역사적 시대마다 그 시대의 다양한 담론들이 어떤 공통된 특성을 공유하게 된다. 예컨대 중세시대는 여러 제도적 담론들이 모두 교리에 부합되어야 하고, 계몽시대에는 여러 제도적 담론들이 모두 합리성에 부합되어야 한다. 말하자면, 역사적 시대마다 그 시대의 다양한 담론들을 일정한 방향으로 틀지어주는 시대 고유의 무의식적 인식의 조건이 있다. 푸코는 이를 에피스테메(episteme)라 한다. 결국 대상에 대한 우리의 인식은 제도적으로 실천되는 다양한 담론에 의하여 규정되고, 각 영역의 담론들은 시대 고유의 에피스테메에 따라 형성되기 때문에, 푸코에 있어서는 이러한 시대별 에피스테메가 우리의 사물인식을 틀지어주는 가장 근본적인 구조라 할 수 있다.

푸코가 구조주의에 역사성을 도입하기는 해도 그의 역사관은 전통적 역사관과 전혀 다르다. 첫째로, 푸코의 역사관은 헤겔이나 마르크스의 역사철학과 대조적이다. 헤겔과 마르크스의 역사철학은 어떤 것이 항상 그 이전의 것에서 변증법적으로 도출되고, 이러한 변증법적 발전의 과정이 어떤 최종적 목적을 향해 간다고 보는 목적론적 역사관에 근거하고 있으나, 니체나 푸코는 다양한 역사적 사건의 기저를 이루는 보편적 법칙이나 고정된 본질 혹은 형이상학적 목적 같은 것을 인정하지 않는다. 니체나 푸코의 계보학은 이른바 역사 발전과 진보를 표방하는 장엄한 찬가 이면에 은폐된 권력의지를 폭로하는 비판전략을 중요시한다(Dreyfus & Rabinow, 106).

둘째로, 헤겔과 마르크스의 역사철학은 다양한 역사적 사건들을 절대정신이나 경제적 생산양식 같은 어떤 하나의 근원개념을 중심으로 하는 거대한 설명체계에 종합시키는 근원주의적 역사철학이고 총체론적 역사철학이다. 이와 대조적으로 푸코는 다양한 역사적 현상의 유일한 원인이 되는 궁극적 근원 같은 것을 인정하지 않는다. 푸코는 오히려 니체의 계보학적 관점과 그 비판 전략을 계승하여 다양한 역사적 사건들의 고유성과 이질성 및 차이를 있는 그대로 드러내려 한다.

셋째로, 계몽의 적자이며 그 진보 이념에 충실한 헤겔이나 마르크스는 역사의 진보와 연속성(continuity)을 확신한다. 이와 대조적으로 계몽주의적 이성을 진보와 동일시하는 역사관을 전면적으로 거부하는 니체와 푸코는 역사의 진보나 역사의 연속성을 인정하지 않는다. 르네상스 이후의 고전주의 시대와 프랑스혁명 이후의 현대를 거쳐 오늘날의 탈현대로 이행해온 인류문화사의 각 역사적 시대 사이에는 간과할 수 없는 불연속성(discontinuity)이 있다는 것이 푸코의 관점이다.

끝으로 헤겔과 마르크스는 역사 발전에 주도적 역할을 수행한다고 본 영웅이나 계급 혹은 중요한 계기를 중심으로 역사를 파악하나, 역사에 대한 푸코의 고고학(archaeology)적 및 계보학적 비판은 그동안 중요시되어 온 사건이나 인물 때문에 강요된 침묵 속에 억압되고 배제되어 온 광인, 실업자, 환자, 범죄자, 부랑자 같은 타자의 소리를 드러냄으로써, 건강과 질병, 정상과 광기, 이성과 비이성, 요컨대 동일자와 타자 사이를 가르는 경계가 합리적 근거에 따라 설정된 것이 아님을 폭로하는 것이 특징이다.

푸코의 담론분석에서 매우 중요한 특징은 역사적 차원을 중요시하는 것이다. 광기에 대한 지식이든 범죄에 대한 지식이든 역사적 시대마다 지식이 다르게 구성되기 때문이다. 그러나 푸코의 역사관은 연속성과 진보 및 주체의 의식을 강조하는 헤겔이나 마르크스의 역사관 같은 전통적 의미의 역사가 아니라, 불연속성과 단절 및 무의식을 강조하는 독특한 역사적 관점이다(Gutting, 2018). 일반적으로 푸코의 역사적 방법을 초기의 고고학과 후기의 계보학으로 구분한다. 푸코는『광기와 문명』,『사물의 질서』,『지식의 고고학』같은 고고학적 단계에서는 주로 지식의 구성 조건을 분석하였고, 70년대 이후『감시와 처벌』,『성의 역사 1』같은 계보학적 연구에서는 지식의 생성과 관련된 권력관계를 분석하는 방향으로 전환하였다(Best & Kellner, 1991 : 45). 그래서 전자를 지식의 고고학, 후자를 권력의 계보학이라고 한다. 그러나 지식과 권력은 불가분의 관계이기 때문에, 그의 고고학과 계보학은 전자가 후자에 내포된다는 점에서 중첩되는 관계다.

무의식적 인식의 조건인 에피스테메를 기준으로, 푸코는 르네상스 이후 서구의 사상사를 크게 세 가지 시대로 구분한다. 첫째로 17세기 중엽에 끝나는 르네상스 시대(renaissance), 둘째로 17세기 중엽에서 18세기 말에 이르는 고전주의 시대(classical age), 그리고 셋째는 19세기 초 이후를 지칭하는 현대(modern age)로 구분한다. 푸코의 고고학적 연구는 첫째 시대와 둘째 시대 사이에서 에피스테메의 변화가 나타났고, 둘째 시대와 셋째 시대 사이에서 또 한 번의 에피스테메 전환이 나타난 사실과 시대별 에피스테메 사이에는 진보가 아니라 그냥 전환이 있었고, 연속성이 아니라 불연속성이 있을 뿐이라는 사실을 강조한다(Foucault, 1973: xxii). 그는 『광기와 문명』에서 진리를 표방하는 정신의학적 담론이 광기를 어떻게 규정하고 분류하는가를 시대별로 분석하고, 『사물의 질서』에서 진리성을 표방하는 인문과학적 담론에 의하여 진리인 것과 아닌 것이 구별되는 시대별 특성을 분석하는 과정에서, 모든 유형의 담론들이 겉으로는 진리와 과학을 표방하고 있으나 실제로는 기만적이고 이중적이라는 사실을 폭로함으로써 담론적 실천의 어두운 이면을 폭로한다.

푸코에 따르면, 르네상스 시대의 에피스테메는 '유사성'이었고 사물을 유사성의 관점에서 파악하였다. 당시에는 광인의 행동이 비록 유별나기는 해도 정상인과 별로 다르지 않다고 생각되었다. 중세적 사고의 영향이 아직도 뚜렷한 당시에는, 전지전능한 신과 비교할 때 인간 상호 간의 차이는 무시되었고, 그래서 광인도 정상인과 유사하다고 인식된 것이다. 따라서 당시의 광인들은 감금되지 않았고, 비교적 자유롭게 공존할 수 있었을 뿐만 아니라, 광인이 때로는 비범한 진리를 통찰한다고 생각되기도 했다. 르네상스 말기의 에라스무스(Erasmus)가 쓴 『우신 예찬』(Praise of Folly)은 이러한 시대적 에피스테메를 반영한다(Foucault, 1965: 15).

고전주의 시대는 동일성과 차이를 중심으로 하는 '표상'의 에피스테메가 출현하였다. 고전주의 시대는 이성의 특권을 강조하는 이성의 시대(the age of reason)였기 때문에, 이성을 인간됨의 표상으로 예찬한 시대였다. 이성을 가진 동일자와 그렇지 못한 타자, 이성과 비이성, 정상인과 광인을 엄격하게 구분하기 시작하였고, 광인에 대한 무자비한 신체적 감금이 시작되었다. 1656년 파리에 설립된 종합병원은 의료기관이 아니라 거대한 감금기구였고, 이러한 감금기구는 당시의 모든 유럽 지역에 공통된 현상이었다. 그러나 여기에 광인만 감금한 것이 아니라, 실업자, 범죄자, 건달 등 이성의 타자들을 무차별 감금하여 강제로 노동을 시켰다. 푸코는, 당시의 강제노동은 경제적 필요성 때문이라기보다는 오히려 노동을 통해서 질서와 이성을 되찾으려는 윤리적 이유 때문이라고 본다.

현대는 '인간'을 주체로 자리매김하는 인간주의적 에피스테메가 출현하는 시대라는 것이다. 프랑스혁명 이후에 인도주의 사상과 박애정신이 확산됨으로써, 이제 광인을 의학적으로 치료하여 정상으로 회복시키려는 개혁안이 제기되었다. 광인에 대한 당시의 정신병리학적 담론은 인간주의적 에피스테메에 따라 형성되었다. 인도주의적 개혁을 주도한 프랑스의 피넬(Pinel)과 영국의 튜크(Tuke) 같은 의사들의 제안에 따라, 광인을 쇠사슬에서 해방시켜 정신병원에 격리 수용하고 의학적으로 치료하기 시작하였다(Foucault, 1965). 이제 광기를 일종의 질환으로, 광인을 환자로, 치료받으면 정상인이 될 수 있는 존재로 파악한 것이다.

권력의 계보학

『감시와 처벌』(1975) 및 『성의 역사 1』(1976)에서, 이제 푸코의 분석은 한편으로는 담론적 실천의 제도적 맥락을 강조하고, 다른 한편으로는 새로운 권력 개념을 도입한다. 범행과 그 처벌에 관한 담론의 역사를 통해 그 이면에 작동하는 권력을 분석하고, 성에 관한 담론의 역사를 통해 그 이면에 은폐된 권력의지를 드러내는 푸코의 독특한 방법은 결국 지식과 권력의 상호구성적 관계를 분석하는 계보학적 방법이다. 의학적 담론은 병원이라는 구체적 제도를 통해서, 법률적 담론은 감옥이라는 구체적 제도를 통해서 실질적 권력을 행사할 수 있기 때문에, 지식과 권력은 결코 분리될 수 없는 긴밀한 관계에 있다는 것이다.

그러나 고고학과 계보학은 서로 무관하거나 대립된 것이 아니라, 후자가 전자를 포함한다는 점에서 상호 중첩된 것이다. 고고학(archaeology)은 건강과 질병, 정상과 광기, 이성과 비이성, 요컨대 동일자와 타자의 경계를 구성하고 재구성하는 담론의 역사를 분석하는 방법이고, 계보학

(genealogy)은 동일자와 타자 간의 경계선을 구성하고 유지하는 제도적 실천의 과정에서 작동하는 권력을 드러내고, 권력이 주체를 생산하는 효과를 분석하는 것이 특징이다. 이와 같이 고고학이 담론의 역사를 분석하고, 계보학은 구체적인 제도적 맥락에서 실천되는 담론의 역사이면의 권력의지와 그 효과를 분석하나, 양자는 모두 역사의 불연속성을 강조하고, 그래서 진보의 역사철학을 거부하고, 계몽주의적 이성의 위선을 폭로한다.

계보학적 분석에서도 푸코는 같은 시대 구분을 사용하나, 18세기 말을 분기점으로 그 이전의 고전주의 시대와 그 이후의 현대 사이에 드러나는 불연속성을 강조하고, 특히 고전주의보다는 오히려 현대와 그 인간주의적 명분 이면에 작동되는 권력전략에 대하여 비판적이다. 『감시와 처벌(Discipline and Punish)』에서 푸코의 분석은 구제도 하의 행형제도가 붕괴되고, 인도주의를 표방한 새로운 행형제도가 출현하는 18세기 말을 중심으로 전개된다. 그는 고전주의 시대의 잔인한 처벌의 구체적 사례로 죄수 다미앙의 공개처형 장면을 제시한다. 당시의 행형제도는 극심한 신체적 체형이었고 군주의 절대권력을 공개적으로 재확인시키는 상징적 의식이었다.

그러나 프랑스의 경우에는 1791년에 범죄와 처벌에 관한 새로운 행형법이 출현하였고, 인도주의적 개혁론자들은 보복법에서 복귀법으로, 신체적 처벌에서 정신적 훈육으로, 요컨대 끔찍한 체형에서 교화적 훈육으로 바뀐 행형제도의 이러한 전환을 인간의 존엄성을 존중하는 진보의 과정이라고 생각한 것이다. 법적 정의는 범행을 유발한 태도나 동기를 교정하여 원래의 역할 지위에 복귀시키는 데 있다고 본 것이다. 마치 광인도 정신병원에서 광기를 치료받으면 정상적 인간인 것처럼, 교정기관에서 훈육을 받으면 범죄자도 인간이라는 인간주의적 이념이 설득력을 얻게 되면서 다양한 훈육기술이 개발되기 시작하였다.

고전시대의 공개적 처형(public executions)이 현대의 훈육(discipline)으로 바뀐 것은 인도주의적 개선이라기보다는 자본주의가 태동하던 당시에 순응적 노동력을 생산하기 위해 더욱 철저하게 사회를 통제하기 위한 것이다. 따라서 푸코는 이러한 전환을 인도주의의 진보라고 보지 않는다(1979: 14; 25). 표방된 인도주의는 권력의지를 은폐하기 위한 계몽주의적 이성의 음흉한 기만이라는 것이다. 공리주의 철학자 벤담이 구상한 원형감옥(panopticon)은 권력의지를 은폐한 현대적 훈육제도의 상징적 표본이라는 것이다. 원형감옥은 중앙에 감시탑이 있고, 그 주변에 여러 개의 작은 감방들이 배치되어 있다. 중앙의 감시탑에서는 격리 수용된 죄수들의 일거수일투족을 볼 수 있으나, 죄수들은 감시자를 볼 수 없을 뿐만 아니라, 상호 간 정보 교환도 불가능하게 설계되어 있다.

죄수들은 이와 같이 공간적으로 격리 수용되어 감시 받을 뿐만 아니라, 시간적으로도 빈틈없는 일과표에 따라 행동하도록 규정되어 있다. 이와 같이 끊임없이 감시하고 관찰하며 평가하고 통제하여, 순종적이고 생산적인 '정상인'으로 길들이는 원형감옥과 같은 감시기술은 비단 감옥뿐만 아니라, 19세기에 출현한 공교육, 군사제도, 산업현장 등 사회의 모든 제도 영역에도 작용되기 때문에, 사회 전체가 하나의 서대한 감옥과도 같다. 이러한 감시기술은 법률학·의학·정신분석학·교육학·심리학 등 주로 인간을 연구대상으로 하는 새로운 학문에 의하여 정당화되고, 이러한 학문적 지식은 구체적 제도를 통해서 그 정당성을 획득하기 때문에 지식은 결코 가치 중립적일 수 없고 항상 권력과 은밀하게 유착되어 있다는 것이다.

『성의 역사 1』에서, 푸코는 성에 관한 담론의 이면에 작동되는 권력현상을 비판적으로 분석한다. 그는 우선 프로이트, 라이히, 마르쿠제를 비롯한 프랑크푸르트학파가 주장해온 종래의 억압가설(repressive hypothesis)을 비판한다. 프로이트(Freud)는 문명사회를 유지하기 위해서는 성적 욕망의 억압이 불가피하고, 억압된 리비도의 에너지를 창조적 노동에 투여해야 한다고 보았다. 라이히(Wilhelm Reich)는 성은 자본주의적 제약과 가부장제도의 질곡으로부터 해방되어야 하나, 철저한 금욕주의와 노동윤리를 통해 자본축적만을 추구하는 부르주아 계급의 부상과 함께 성에 대한 억압이 전례 없이 강화되었다고 본다.

이러한 억압가설과 대조적으로, 푸코는 자본주의 문화가 성을 억압한 것이 아니라 성담론을 폭발적으로 증대시켰다고 주장하고 이를 역사적 사례를 들어 입증한다. 여기서 문제 삼는 성(sexuality)은 생물학적 성이 아니라 문화적으로 구성된 성에 관한 담론을 뜻한다. 다시 말해서 푸코가 문제 삼는 성은 자연적 소여라기보다는 오히려 감시와 통제 및 고백의 제도를 통해 역사적으로 구성된 산물이다. 빅토리아 시대의 성 담론은 육체에 초점을 두었고, 사제에게 고백할 경우에도 성적 행동이 고백의 대상이었으나, 17세기에는 육체뿐만 아니라 정신과 의도까지도 성담론의 대상이 되었다.

그래서 18세기부터는 고백의식이 제도화되기 시작한다. 과거의 고백의식은 교회에서만 행해졌으나, 이제 고백의식은 비단 교회만이 아니라 학교, 가정, 병원 등 사회의 모든 제도 영역에서 성직자와 신자 사이, 교사와 학생 사이, 정신과 의사와 환자 사이, 그리고 상담자와 내담자 사이에서도 관행으로 정착되었다. 그뿐만 아니라 이제 성행위는 물론, 생각과 욕망 그리고 의도까지 낱낱이 고백하는 제도적 의식이 성에 관한 담론 생성의 주된 기술로 제도화된 것이다. 19세기 이후에는 성담론을 유도하여 이를 과학적 분석의 대상으로 삼는 정신병리학과 정신분석학이 발전하여 이른바 성과학이 출현하게 된다. 특히 프로이트의 정신분석이론은 자유연상을 비롯한 다양한 방법을 동원하여 고백할 수 없는 내용까지도 고백하도록 유도함으로써 성에 대한 과학의 지배를 가능하게 하고, 그래서 건강한 성생활을 제시하고 일탈을 규제하려고 한 것이다.

이상과 같이 푸코는 60년대는 지식에 관한 고고학적 분석에 집중하고, 70년대는 권력에 관한 계보학적 분석에 치중하였다. 그러나 드레퓌스와 라비노우(Dreyfus & Rabinow)의『미셸 푸코: 구조주의와 해석학을 넘어서(Michel Foucault: Beyond Structuralism and Hermeneutics)』에 붙인 '후기'에서 푸코 자신이 밝힌 것처럼, 20여 년 동안 일관된 그의 연구목적은 특정의 권력현상을 비판하는 데 있다기보다는 오히려 인간을 주체로 구성하는 상이한 권력의 작동 방식을 역사적으로 규명하는 데 있었다(1983: 208). 그러나 푸코의 주체 개념은 의식적 주체가 아니라 권력의 그물망 속에 순응하도록 구성된 주체, 말하자면 주체성 없는 주체, 의식 없는 주체를 뜻한다. 여기서 푸코가 도입한 새로운 개념의 권력은 어떤 행동을 금지하고 억압만 하는 것이 아니라, 새로운 유형의 욕망을 생산하고 새로운 유형의 주체를 생산한다는 뜻에서 생산적이고, 이와 같이 억압적이면서도 생산적인 권력이 사회적 삶의 모든 미세한 영역에까지 확산된 하나의 망상조직을 이루고 있다는 것이다.

요컨대, 푸코의 『광기와 문명(*Madness and Civilization*)』은 의료제도와 정신병리학적 지식 및 담론에 관한 연구였고, 『감시와 처벌』은 행형제도와 행형법(criminal law)의 지식 및 담론에 관한 연구였다. 프랑스혁명 이전과 이후에 광기에 대한 치료나, 범행에 대한 처벌 모두 큰 전환이 나타났다(Foucault, 1965: 212; 1979: 7)는 것이다. 혁명 이전은 이성의 시대였고, 이성을 가진 동일자와 비이성적 타자, 정상인과 광인을 엄격하게 구분하고 비이성적 타자에 대한 무자비한 감금과 폭행이 자행되었다.

같은 정신 현상인 광기(madness)가 혁명 이전에는 비정상으로 구성되고, 혁명 이후에는 정상으로 구성된 것이다. 같은 범행(criminal behavior)도 혁명 이전에는 국왕의 통치권에 대한 도전으로 간주하여 보복에 목적을 둔 잔인한 공개적 체형이 가해졌으나, 혁명 이후에는 인도주의적 개혁론의 출현과 함께, 이제 범행은 통치권에 대한 도전이 아니라 사회계약 위반으로 보고, 범행에 대한 가혹한 보복보다는 오히려 범행 동기를 유발한 잘못된 정신 상태를 교정하여 원래의 역할 지위에 복귀시키는 것이 중요하다는 인도주의적 개혁안이 출현한 것이다. 고전시대의 보복법에서 현대의 복귀법으로 전환된 것이다. 광기(insanity)의 본질이 따로 있는 것이 아니라 광기의 특성이 시대와 사회에 따라 다르게 구성되고, 범행(criminal behavior)의 본질이 있는 것이 아니라, 범행의 본질이 시대와 사회

제5장 푸코의 담론분석

에 따라 달리 구성된다는 것이다.

당시 프랑스의 피넬과 영국의 튜크 같은 의사들은 광인을 치료하여 정상으로 회복시킬 수 있다는 인도주의적 개혁안을 강조했고, 이 개혁안에 따라 광인을 치료하기 시작하였다. 그러나 푸코는 당시의 기록을 근거로 이른바 인도주의적 동기라는 것은 기만이고, 당시에 본격화된 자본주의적 산업화와 함께 늘어난 인력 수요에 부응하기 위한 것(Foucault, 1979: 25)이 인도주의적 담론 이면에 은폐된 동기라고 본 것이다. 피넬과 튜크 같은 의사들의 인도주의적 제안은 그들의 자율적인 제안이라기보다는 자본의 호명(interpellation)을 받은 타율적 제안이고, 자본주의 이데올로기의 호명을 받은 타율적 제안이라는 것이다. 마치 자연인 개인이 광고 이데올로기의 호명을 받아 특정 상품을 선호하는 소비의 주체가 되고, 자연인 개인으로 태어난 우리가 종교 이데올로기의 호명을 받아 이 호명에 부응함으로써 신앙의 주체로 거듭나는 것처럼, 푸코의 담론이론에서 개인은 담론 이면의 이데올로기의 부름을 받은 화자이기 때문에 자율적 주체가 아니다. 이를 주체의 탈중심화(decentering of the subject) 혹은 주체의 해체(deconstruction of the subject)라고도 부른다.

어떻든 광기에 대한 담론이나 범행에 대한 담론 모두 혁명 이전과 이후에 큰 전환이 나타났다. 같은 현상에 대한 다른 해석과 다른 담론이 제기된 것이다. 푸코는 같은 대상에 대한 여러 가지 이질적 담론들은 같은 담론형성체(discursive formation)에 속한다고 한다(Hall, 2001: 73). 광기에 대한 담론이든 범행에 대한 담론이든 같은 대상에 대한 담론도 시대와 사회에 따라 달리 구성된다고 보는 것이 푸코의 인식론적 입장이고 이를 사회적 구성주의(constructionism)라고도 부른다. 여기서 중요한 것은 담론이 대상을 있는 그대로 반영하는 것이 아니라(not an exact copy), 오히려 대상이 담론에 의하여 사회적으로 구성된다(a constructed representation of reality)는 것이다.

구성주의적 관점은 우리의 주체성도, 사회를 보는 관점도, 실재에 대한 우리의 지식이나 문화적 가치 등 모든 것이 사회적으로 구성된다는 입장이다. 예컨대 민주주의도 불변의 본질이 따로 존재하는 것이 아니라, 관점에 따라 달리 구성되는 것이다. 자유와 평등이 민주주의의 양대 이념이라고 하나, 자유가 극단화되면 평등 이념이 훼손되고, 평등의 요구가 극단화되면 자유이념이 훼손되기 때문에, 자유민주주의든 평등민주주의든 자유와 평등 이념이 동시에 구현된 완전한 민주주의는 있을 수 없는 것이다. 자유와 평등 이념이 동시에 구현된 완전한 민주주의는 어떤 실현된 상태가 아니라, 끊임없는 노력과 개선을 통해 추구해야 할 대상일 뿐이다. 민주주의의 이러한 특성을 데리다(Derrida)는 "도래할 민주주의(democracy to come)"라고도 부른다(1994: 81).

제5장 푸코의 담론분석

4
담론의 질서

　푸코는 어떤 사회든 담론의 생산을 통제하고, 선별하고, 조직하는 일련의 과정이나 절차가 있다고 본다. 담론의 질서(the order of discourse)를 결정하는 이러한 통제와 선별의 과정을 배제의 규칙 혹은 배제의 원칙이라고 부른다(1972: 216-7). 푸코가 1970년 12월에 프랑스대학의 교수 취임 기념 강연을 할 때, 그 강연의 제목이 "담론의 질서"였다. 이 강연에서 푸코는 담론에 관한 대표적 특성을 체계적으로 논의하였다고 할 수 있다. 이 강연의 영역본 명칭 중 하나는 "담론의 질서(The Order of Discourse)"이고, 다른 하나는 "언어에 관한 담론(The Discourse on Language)"이다. 명칭은 달라도 내용은 같다. 이 강연이 단행본으로 출판된 것도 있고, 푸코의『지식의 고고학』(1972)의 영어판 부록에 "언어에 관한 담론"으로 수록된 것도 있다. 여기서는 혼돈을 피하기 위해 프랑스어 원명을 그대로 옮긴 "담론의 질서"라는 명칭을 사용한다. 어떤 명칭을 사용하든 우선 무엇보다도 담론의 질서에는 배제의 원칙도 작용한다는 것이다.

담론의 첫째 배제원칙은 우리에게 익숙한 금기 혹은 금지(prohibition)의 원칙이다. 아무리 자유로운 사회라고 해도, 우리는 언제 어디서 누구에게나 무엇이든 마음대로 말할 수는 없다. 어떤 것에 대해서는 언급할 수 없다는 대상에 대한 금지, 담론이 전개되는 상황의 특성에 따른 금지의 관행, 특정 주제에 관해서는 아무나 나설 수 없다는 발화 주체와 관련된 금지 등 세 가지 유형의 금지가 있다. 예컨대 열차에서 옆자리에 잠시 앉은 사람과 정치 이야기 같은 것은 삼가야 하고, 노래방에서는 학문적 이야기가 환영받지 못하는 관행, 그리고 신입생 오리엔테이션에서 신입생 자신이 너무 나서지 않아야 하는 것 등 여러 가지 유형의 금지 원칙들이 있다. 일반적으로 성이나 정치(sexuality or politics)의 영역은 언급을 통해서 사태를 진정시키기보다는 악화시킬 위험이 큰 영역이기 때문에 금기시되는 대표적 영역이라 할 수 있다. 담론의 질서가 금지의 원칙이기 때문에 담론에는 권력이 작동한다고 볼 수 있다(Foucault, 1972: 216).

둘째 배제원칙은 분할과 배척(division and rejection)이다. 분할과 배척의 대표적 사례로 푸코는 이성과 광기(reason and madness)를 대립으로 분할하고, 광기와 광인을 배척해온 문명의 역설을 비판한다. 『광기와 문명』의 서문에서 "미칠 수밖에 없는 세상에서, 애써 안 미친 척하는 것보다 더 심각한 광기는 없다"(Foucault, 1965: ix)라고 시작한다. 이는 푸코가 이성의 시대부터 인류가 타자를 광인으로 낙인찍음으로써 스스로의 정상성(sanity)을 정당화해온 문명의 위선을 냉소적으로 비판하는 말이다. 중세말 이래로, 광인의 말은 정상인의 말과 다르다고 생각되었다. 광인의 말은 공허한 헛소리와 다를 바 없는 비정상으로 배척되었다. 광인의 말은 무의미하다고 배제되든 아니면 신비로운 이성이 체현된 것으로 인정받든, 엄격히 말해서 그 존재는 중요시되지 않았다. 오늘날도, 예컨대 정치적 담론 중에 가장 진부한 분할과 배척의 관행으로 우파와 좌파를 분할한 후서로 상대편을 배척하는 경우나, 인종적 담론에서 백인과 흑인을 대립항처럼 분할하고 전자가 후자를 배척하는 경우, 혹은 성적 담론에서 남성과 여성을 대립항처럼 분할한 후 후자를 배척하는 경우처럼, 분할과 배척의 관행은 다양한 담론에서 배제의 기능을 수행하고 있다.

담론의 셋째 배제원칙은 진위(true and false)의 대립이다. 참된 담론과 거짓된 담론을 자의적으로 구분한 후, 이른바 거짓된 담론을 억압하고 배제하는 원칙이다. 실제로 담론 내부의 어떤 문장이나 명제의 수준에서 보면, 진위의 구분이 자의적이지 않고 당연한 것처럼 보일 수도 있으나, 푸코가 보기에, 여러 세기 동안 우리의 담론을 통해 추구해온 진리 의지 (will to truth)의 이면에 은폐된 동기를 묻는 보다 근본적 차원에서 보면, 결국 자의적 대립을 설정하고 대립의 어느 한쪽을 배척하는 배제의 동기를 확인하게 된다는 것이다(Foucault, 1972: 218). 진리 의지, 지식 의지 혹은 진리와 허위의 대립은 역사적으로 구성되어왔다는 것이다. 이러한 배제의 원칙 때문에 푸코는 담론이 권력과 긴밀히 관련된 현상이라고 본다.

5
푸코적 담론분석(FDA)

푸코적 담론분석(Foucauldian discourse analysis: FDA)도 넓은 의미에서 담론분석의 일종이다. 푸코적 담론분석은 언어 혹은 담론을 통해 나타나는 권력관계(power relations)와 사회 불평등(social inequality)을 비판하는 데 푸코의 담론이론을 적용하는 분석방법을 뜻한다. 마르크스주의는 경제적 불평등이 거의 모든 불평등의 원인이라고 보는 데 비하여, 푸코적 담론분석은 경제적 불평등, 성적 불평등, 인종적 불평등 같은 여러 영역의 불평등은 각 영역 고유의 특징이 있다고 본다(Wooffitt, 2005: 146). 영국 레스터대학의 이안 파커(Ian Parker), 멘체스터대학의 에리카 버만(Erica Burman), 영국 개방대학의 심리학 교수 웬디 홀웨이(Wendy Hollway)를 비롯해서 많은 학자들이 사회 불평등의 비판에 푸코의 비판방법 특히 계보학적 방법을 활용하고 있다. 푸코의 담론분석(Foucault's discourse analysis)은 푸코 자신의 담론연구를 뜻하고, 이는 역사적 시대마다 달라지는 지식의 고고학과 권력의 계보학 같은 이론적 분석을 뜻한다. 이에 비하여 푸코적 담론분석

(Foucauldian discourse analysis)은 파커(Parker), 버만(Burman), 홀웨이(Hollway)를 비롯한 여러 학자들이 언어나 담론에 체현된 경제적 불평등, 인종적 불평등(racial inequality), 성적 불평등(gender inequality) 등 같은 현실적 사회 불평등을 비판적으로 분석하는 입장을 지칭한다.

그러나 푸코적 담론분석은 푸코의 담론이론뿐만 아니라, 포스트구조주의 계열의 여러 이론을 차용한다. 버만은 FDA에 지적 영향을 미친 3가지 포스트구조주의 이론을 소개하였다. 버만에 따르면, 푸코적 담론분석은 첫째로, 푸코의 계보학적 분석을 활용하고, 둘째로, 사회 불평등의 원인이 되는 백인과 흑인, 부자와 빈민, 남성과 여성 같은 이원적 대립을 비판하기 위해 데리다(Derrida)의 해체전략을 사용하고, 셋째로, 구성되는 주체 개념을 해명하기 위해 라캉(Lacan)의 정신분석이론을 활용한다는 것이다(Wooffitt, 2005: 146). 버만의 관점이 옳다고 하면, 푸코적 담론분석은 포스트구조주의적 특성이 뚜렷하다. 아래에서 우리는 푸코적 담론분석의 특징을 이해하는 데 필요한 포스트구조주의의 5가지 중요한 기본 명제를 구조주의와 비교하면서 요약 정리하려고 한다.

첫째로, 포스트구조주의는 언어와 실재, 기호와 그 지시대상, 혹은 말과 사물(thing)을 분리하는 것이 특징이다. 소쉬르의 구조언어학도 언어는 실재를 나타내는 것이 아니라, 실재에 대한 개념을 나타낸다고 본다. 하나님이라는 말은 하나님 그 자체를 나타내는 것이 아니라, 하나님에 대한 우리의 생각을 나타낸다는 것이다. 이와 같이 구조주의와 포스트구조주의는 모두 언어가 실재를 여실히 나타내지 못한다고 본다. 그래서 푸코도 『지식의 고고학』(1972)에서 광기 그 자체를 탐구한 것이 아니라, 광기에 대한 담론을 분석하였고, 『감시와 처벌』(1975)에서는 범행과 처벌 그 자체가 아니라, 범행과 처벌에 관한 담론을 분석함으로써, 사실 그 자체와 사실에 관한 언어를 분리(what we wish to do is to dispense with 'things')한 것이다(1972: 47). 푸코적 담론분석은 예컨대, 남성과 여성 그 자체와 관계없이 남성과 여성에 대한 언어적 관행과 담론 안에 은폐된 근거 없는 차별화를 비판하는 것이다.

포스트구조주의의 둘째 특징은 의식적 언어활동 그 자체보다는 그 이면의 무의식적 하부구조를 더 중요시한다. 이 점은 소쉬르나 레비스트로스의 구조주의도 마찬가지다. 푸코에서 무의식이 중요한 이유는 우리의 대상인식은 제도적으로 실천되는 담론에 의해 규정되고, 다양한 영역의 담론들을 일정한 방향으로 틀지어주는 시대 고유의 인식의 조건은 무의식적 에피스테메이기 때문이다. 구조언어학에서도 우리가 의식적으로 선택해서 구사했다고 생각한 어휘도 알고 보면 무의식적 어휘들과의 차이를 통해서 그 의미가 결정되기 때문에 무의식이 중요하다.

포스트구조주의의 셋째 특징은 개인은 의식적 주체가 아니라는 관점이다. 푸코의 담론 개념은 제도화된 언어 관행이기 때문에 "담론은 개인을 초월하는 것(discourse transcends the individual user)"이고(Mey, 2001: 191), 따라서 의식적 주체 개념은 탈중심화된다. 소쉬르의 구조언어학에서도 개별적 발화(parole)가 언어 사용에 관한 사회적 규칙(langue)을 따라야 의사소통이 가능하고, 개인의 주관적 선택이 사회의 문화적 관행과 규범을 크게 벗어나지 않아야 사회적으로 수용될 수 있기 때문에 언어현상과 문화현상에 관한 한 주체는 탈중심화된다.

포스트구조주의의 넷째 특징은 구조주의와 대조적이다. 소쉬르의 구조주의는 기호의 의미가 그 지시대상과 관계없이 언어체계 안에서 다른 기호들과의 차이를 통해서 의미가 결정된다고 본다. 이와는 달리 포스트구조주의를 대표하는 데리다는 차연으로 인해 궁극적 의미결정은 어렵다고 하였다. 이와 같이 궁극적 의미의 결정불가능성(undecidability)이 포스트구조주의의 핵심적 개념이다. 라캉의 언어학적 정신분석이론에서도 기표들의 사슬 아래로 기의가 끊임없이 미끄러지기 때문에 무의식적 욕망의 본질이 무엇인가를 결정할 수 없기 때문이다. 요컨대 무의식의 징후가 무의식적 욕망의 본질을 여실히 재현할 수 없다는 것이다.

끝으로 구조주의는 다양한 개별현상 이면의 보편적 법칙을 중요시하나(Levi-Strauss, 1963: 33), 포스트구조주의는 보편법칙이 있다는 주장을 신랄하게 비판한다. 예컨대 경제적 토대 내부의 모순이 역사 발전의 원동력이라는 마르크스의 사상 같은 일반법칙을 리오타르(Lyotard)는 명제 그 자체의 내재적 가치에 호소하기보다는 오히려 해방의 논리로 명제를 정당화하기 때문에 그 정당화 논리에 결정적 오류가 있는 거대설화(grand narratives)라 부르고(1984: 35), 데리다는 근거 없는 근원주의라는 점에서 비판하고, 푸코는 이러한 명제를 오도된 경제결정론(economic determinism)이라고 비판한다.

이상에서 본 것처럼, 푸코, 데리다, 라캉 등의 포스트구조주의(post-structuralism)가 강조하는 핵심적 명제는 명확하다. 포스트구조주의는 첫째, 언어와 실재를 분리하고, 둘째, 무의식의 중요성을 강조하고, 셋째, 언어 현상이나 문화 현상의 분석에서 의식적 주체를 탈중심화시킨다. 넷째 차이를 통해 의미결정이 가능하다는 소쉬르의 입장과 대조적으로, 데리다의 포스트구조주의는 차이의 분석이 끝없이 지연되는 차연 때문에 궁극적인 의미결정은 불가능하다는 입장이다. 끝으로 포스트구조주의는 인간의 의식이 모든 것을 결정한다는 관념론이나 경제적 토대 내부의 모순이 역사 발전의 원동력이라는 마르크스의 경제결정론 같은 보편법칙을 근거 없는 거대설화라고 배격한다. 특히 푸코는 담론이 제도적으로 실천되는 언어이고, 그래서 제도 영역마다 그 영역 고유의 담론 규칙이 있기 때문에, 각 영역의 다양한 담론들을 경제 영역 같은 특정 영역으로 환원하는 경제결정론 같은 보편법칙은 타당성을 인정할 수 없다는 입장이다.

제6장

비판적 담론분석

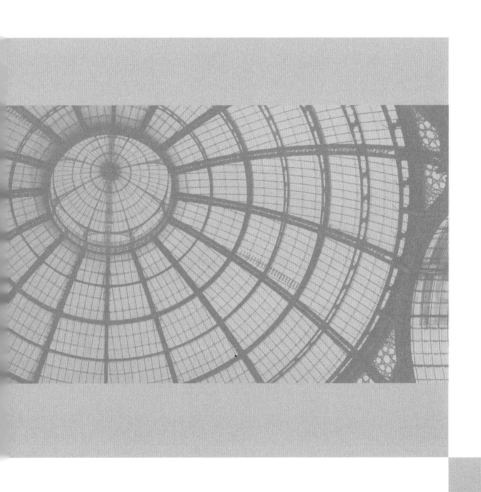

1
담론과 사회 불평등

    비판적 담론분석(Critical Discourse Analysis: CDA)은 1980년대 말 이후로 하나의 확립된 비판적 사회과학 영역으로 인정받게 되었다. 비판적 담론분석(CDA)을 비판적 담론연구(Critical Discourse Studies: CDS)라고도 부른다. 이 분야의 연구를 주도하는 대표적 학자로는 영국 랭커스터대학의 노먼 페어클러프(Norman Fairclough), 네덜란드 암스테르담대학의 투엔 반 다이크(Tuen A. van Dijk), 영국 랭커스터대학의 언어학자 루스 보닥(Ruth Wodak) 등이 유명하다. 우리가 일상적으로 사용하는 언어나 담론이 우리도 모르는 사이에 계층 간의 차별을 조장하고, 남녀 간 차이와 가부장제도를 정당화하며, 인종차별을 부추기는 등 여러 가지 사회적 차별화와 불평등의 원인이 되는 경우도 있다. 이른바 비판적 담론분석(CDA)은 계급 간, 남녀 간, 인종 간의 지배와 억압 및 불평등을 생산하고 재생산하는 언어 혹은 담론의 역할을 비판적으로 분석하고, 배제된 타자의 인권 회복에 기여하는 목적을 가진 응용언어학의 중요한 한 분야이다.

그러나 비판적 담론분석(CDA)은 하나의 학파라고 보기 어려울 정도로 학자마다 이론적 배경과 사용하는 방법이 매우 다양하다. 페어클러프는 파울러(Fowler)와 크레스(Gunther Kress) 등의 비판적 언어학(Critical Linguistics)과 할리데이(Halliday)의 체계기능언어학(Systemic Functional Linguistics)의 입장을 계승하면서, 푸코의 계보학적 연구로부터 비판적 관점을 이어받았다. 반 다이크는 텍스트 언어학과 사회적 인지를 강조하고, 보닥은 프랑크푸르트 학파의 비판이론과 역사적 맥락을 강조한다. 다시 말해서, 페어클러프(Fairclough)의 CDA는 사회문화적 접근이고, 반 다이크(van Dijk)의 CDA는 사회인지적 접근을 중요시하고, 보닥(Wodak)의 CDA는 담론-역사적 접근을 강조하기 때문에, 학자마다 서로 다른 접근방법을 사용한다.

그러나 이러한 차이에도 불구하고, 비판적 담론분석가들은 언어와 담론에 의해서 생산되고 재생산되는 지배, 차별화, 권력남용, 통제 같은 사회 불평등 현상을 비판적으로 분석해야 한다는 학문적 관점과 목적에 있어서는 같은 입장이다(Wodak, 1996: 204). 요컨대, 비판적 담론분석의 특징을 크게 세 가지로 요약할 수 있다. 첫째로, CDA는 뚜렷한 정치적 입장(overt political stance)을 가진 담론분석이다. 둘째로, CDA는 사회의 권력관계나 지배종속관계를 생산하고 재생산하는 담론의 중요한 역할(the role of discourse in the reproduction of dominance)을 폭로한다(van Dijk, 1993: 250). 셋째로, CDA는 지배종속관계를 유지 존속시키는 담론의 역할을 밝힌 후, 지배집단에 저항하고, 피지배집단의 인권 회복과 해방을 목표(emancipatory goal)로 개입해야 한다는 입장이다(Fairclough & Wodak, 1997:259).

이와 같이 언어 이면에 깔린 다양한 지배 현상과 권력관계 혹은 사회 불평등 현상을 비판적으로 분석해야 한다고 확신하는 학문적 관점과 목적을 공유하는 학자들이 1991년 1월에 네덜란드 암스테르담에서 심포지엄을 가지게 되었고, 이를 계기로 비판적 담론분석(CDA)의 동기를 공유하는 학자들 간의 유대가 더욱 돈독해졌다. 이 심포지엄은 암스테르담 대학의 지원하에, 반 다이크, 노먼 페어클러프, 귄터 크레스, 테오 반 레이우엔(Theo van Leeuwen), 루스 보닥 등 관련된 학자들이 이틀을 함께 보내면서 CDA의 방법과 이론에 대해 깊이 있게 논의할 수 있었던 의미 있는 기회였다.

CDA의 창설을 기념하여 반 다이크가 기획한 학술저널『담론과 사회(*Discourse and Society*)』가 창간되고, 거의 같은 시기에 반 다이크(Tuen van Dijk)의『담론의 편견』(1985)과『담론으로서의 뉴스』(1988), 페어클러프(Norman Faircough)의『언어와 권력』(1989), 보닥(Ruth Wodak)의『언어, 권력 및 이데올로기』(1989) 등 중요한 저서도 함께 출간됨으로써 비판적 담론분석(CDA) 혹은 비판적 담론연구(CDS)의 새로운 출발을 알리는 뜻깊은 계기가 되었다(Wodak and Meyer, 2009: 3).

비판적 담론분석(CDA)을 주도하는 대표적 학자들이 공유하는 특성은 비판적이라는 용어가 갖는 비판적 동력(critical impetus)이다. 비판적 담론분석에서 "비판적(critical)"이라는 것은 구체적으로 무엇을 뜻하는가? 페어클러프, 반 다이크, 보닥 등 비판적 담론이론가들이 공유하는 비판정신은 독일 프랑크푸르트학파의 비판정신을 이어받은 것이다. 프랑크푸르트학파의 비판정신은 1937년에 호르크하이머(Horkheimer)가 쓴「전통이론과 비판이론(Traditional and Critical Theory)」이라는 유명한 논문에서 확인할 수 있다. 여기서 호르크하이머는 사회를 그냥 설명하고 이해하는(under-standing or explaining) 이론은 전통이론이고, 비판하고 변혁하려는(critiquing and changing) 이론을 비판이론이라고 구별하였다(Wodak & Meyer, 2009: 6).

따라서 비판적 담론분석에서 '비판적'이라는 것은 예컨대 계층 간, 인종 간, 남녀 간의 불평등 관계와 지배종속관계 및 차별화를 은폐하는 지배 이데올로기의 부당함을 정확히 설명하고, 실제적 해결방안을 제시하면서 비판의 규범에 충실한 연구 태도를 뜻한다. 호르크하이머, 아도르노, 마르쿠제 등 프랑크푸르트학파(Frankfurt School)는 현실 사회의 문제를 비판하고 변혁하기 위해 철학적으로 접근하였으나, 비판적 담론분석(CDA)에서는 언어비판을 통해서 접근한다. CDA는 언어에 체현된 지배, 차별화, 권력과 통제의 구조적 관계를 비판적으로 분석한다(Wodak & Meyer, 2009: 10). 비판적 담론분석의 중요한 특징 중 하나는 언어 사용이 사회적 실천이고(use of language is a social practice), 언어 사용 혹은 담론은 사회구조에 의해서 결정되면서도 동시에 사회구조를 유지하거나 변화시킬 수 있다는 중요한 사실을 강조하는 것이다(Wodak & Meyer, 2009: 7).

따라서 비판적 담론분석에서 담론 개념은 언어학적 담론 개념과 다른 사회과학적 담론 개념이다. 언어학적 담론은 대화분석(conversation analysis: CA)에서 분석대상으로 삼는 일상적 대화 그 자체를 뜻한다. 이와 대조적으로, 사회과학적 담론은 사회적 불평등과 지배종속을 생산, 재생산하는 언어를 뜻하고, 비판적 담론분석(critical discourse analysis: CDA)은 이러한 불평등과 지배종속을 생산, 재생산하는 담론을 비판적으로 분석하는 응용

언어학의 한 분야를 뜻한다. 대화분석(CA)에서는 의사소통에 사용되는 언어를 담론이라고 보나, CDA에서는 사회적으로 실천(social practice)되는 언어를 담론으로 규정함으로써 언어와 사회 혹은 담론과 사회 간의 관계를 중요시한다. 비판적 담론분석(CDA)은 담론적 실천이 중요한 이데올로기적 결과를 낳는다고 본다. 다시 말해서, CDA는 "언어 혹은 담론이 사회계층 간, 남녀 간, 민족적 다수와 소수간의 불평등한 권력관계를 생산하고 재생산한다"는 것이다(Fairclough & Wodak, 1997: 258).

2
CDA의 일반원칙

　비판적 담론분석(CDA)은 다른 담론분석(DA)보다는 텍스트나 담론 자체를 자세히 분석하는 것 못지않게 메시지가 전달되는 거시적 맥락을 더 중요시한다. 비판적 담론분석은 사회적·정치적 맥락과 관계없이 텍스트의 언어구조만 분석하는 것이 아니라, 담론 혹은 텍스트를 항상 사회문제나 정치문제 관련하에 분석한다. 구체적으로, 담론의 내용이나 구조가 권력남용과 지배 이데올로기를 생산 재생산하고 정당화하거나, 권력남용과 지배 이데올로기에 저항하는 방식을 연구한다. 이를 위해, 비판적 담론분석은 영국 할리데이(Halliday)의 체계기능언어학, 마르크스(Marx)의 철학, 안토니오 그람시(Gramsci)의 헤게모니 이론, 알튀세르(Althusser)의 구조주의적 이데올로기 개념, 독일 프랑크푸르트학파의 비판이론, 푸코의 담론이론과 권력의 계보학 그리고 프랑스 사회학자 부르디외(Bourdieu)의 문화비판 등 다양한 이론을 활용한다.

　구체적으로, 비판적 담론분석은 공적 담론에 대한 접근 기회를 가진

자와 그렇지 못한 자 간의 불평등에 주목한다. 우리는 누구나 친구와 가족 그리고 직장 동료와의 일상적 대화를 비교적 자유롭게 통제할 수 있다. 그러나 우리 대다수가 통제하기 어려운 것은 공적 담론(public discourse)의 영역이고, 여기서 우리 대다수는 무력한 수동적 독자이거나 시청자들이다. 예컨대 매스미디어, 교육, 종교, 경제, 정치, 직장의 조직 역동 같은 이데올로기적 기구가 우리에게 무엇을 믿어야 하고, 무엇을 소비해야 하고, 어떻게 행동해야 한다고 끊임없이 세뇌시키는 일방적 커뮤니케이션의 호명 앞에 우리는 무력한 수동적 시청자들이다.

반면에 보다 강력한 사회집단이나 조직의 구성원들, 특히 그 지도자들은 공적 담론에 대한 접근기회가 많고 공적 담론에 대한 통제력도 높은 이른바 상징적 엘리트들이다. 교수는 학문적 담론을 통제하고, 교사는 교육적 담론을 통제하고, 언론인은 미디어 담론을 통제하고, 법률가는 법적 담론을 정치가는 정치적 담론을 예술가는 심미적 담론을 각기 지배하고 통제한다. 담론에 대한 통제력이 높은 사람일수록 보다 강력한 권력을 행사할 수 있는 사람들이다. 다시 말해서, 권력이나 권력관계는 담론적이라고 할 수 있다. 따라서 비판적 담론분석은 강력한 집단이 공적 담론을 통제하는 방식, 이러한 통제의 사회적 결과는 무엇이며, 강력한 집단의 담론적 특징이 무엇인가를 연구해야 한다(Van Dijk, 2015: 475). 결국 제도적으로 통제되는 언어자원에 대한 접근기회가 불평등하다는 것이 비판적 담론분석의 공리적 명제와 같은 것이다(Van Dijk, 2015: 468).

비판적 담론분석 분야를 대표하는 학자들은 각기 나름으로 CDA의 기본 신조 혹은 원칙을 제시하고 있다(Van Dijk, 1993; Fairclough & Wodak,

1997; Meyer, 2001). 그중에서도 가장 널리 인용되는 것이 페어클러프와 보닥(1997)이 제시한 비판적 담론분석(CDA)의 8가지 원칙이다. 비판적 담론분석의 첫째 원칙은 사회문제나 정치적 쟁점을 다룬다는 원칙이고, 둘째는 권력 혹은 권력관계는 담론적이라는 원칙이다. 셋째는 담론이 사회와 문화를 구성한다는 것이고, 넷째는 담론이 이데올로기적 기능을 수행한다는 원칙이다. 다섯째는 담론은 역사적이라는 원칙이고, 여섯째는 텍스트와 사회의 관계는 매개된다는 원칙이다. 일곱째는 CDA는 해석적이고 설명적이라는 원칙이고, 마지막은 담론이 일종의 사회적 실천이고 사회적 행위라는 것이다.

첫째, 비판적 담론분석은 사회문제를 다룬다(CDA addresses social problems)는 원칙이다. 어떤 이론적 및 방법론적 접근이든 올바른 접근은 성차별(sexism), 인종차별(racism) 등 여러 가지 사회적 불평등 문제를 성공적으로 분석하고, 비판하고, 불평등을 완화하는 방안을 제시해야 한다는 것이다(Fairclough & Wodak, 1997: 271).

둘째, 권력관계는 담론적(Power relations are discursive)이라는 원칙이다. 비판적 담론분석은 현대사회의 지배 혹은 권력관계의 언어적 및 담론적 특성에 주목한다는 원칙이다. 다시 말해서, 권력관계는 담론을 통해서, 담론 속에서 수행되고 구성된다는 것이다(Fairclough & Wodak, 1997: 272).

셋째, 담론이 사회와 문화를 구성한다(Discourse constitutes society and culture)는 원칙이다. 다시 말해서, 담론이 모든 것을 구성한다는 것이다. 그러나 이 말은 담론 밖에는 아무 것도 없다(nothing exists outside of discourse)는 뜻이 아니라, 담론 없이는 아무런 의미도 없다(nothing has any meaning outside of discourse)는 것을 뜻한다. 담론 개념은 실재의 존재 여부를 따지기보다는 의미가 담론적 구성에서 온다는 점을 강조한다(Hall, 2001: 73).

넷째, 담론이 이데올로기적 기능을 수행한다(Discourse does ideological work)는 원칙이다. 이는 언어나 담론이 가치중립적일 수 없고, 그 이면에 어떤 이데올로기가 있다는 것이다. 이데올로기는 사회를 구성하는 방식이고 사회를 나타내는 방식이기 때문에, 불평등한 권력관계 혹은 지배와 착취 관계를 재생산할 수도 있고, 동시에 불평등한 권력관계 혹은 지배와 착취 관계를 비판하고 변혁할 수도 있다는 것이다(Fairclough & Wodak, 1997: 275).

다섯째, 담론은 역사적(discourse is historical)이라는 것이다. 이는 담론이 역사적 맥락없이 생산되지도 않고, 역사적 맥락을 고려하지 않으면 담론은 이해할 수도 없다는 원칙이다(Fairclough & Wodak, 1997: 276).

여섯째, 텍스트와 사회의 관계는 매개된다(The link between text and society is mediated)는 원칙이다. 다시 말해서, 텍스트와 사회의 관계는 단순히 결정적 관계가 아니라, 매개의 관계로 보아야 한다는 것이다. 텍스트와 사회의 관계가 담론에 의해 매개되거나 사회인지적 요인에 의해 매개된다는 것이다(Fairclough & Wodak, 1997: 277).

일곱째, 비판적 담론분석이 해석적이고 설명적(Critical discourse analysis is interpretative and explanatory)이라는 원칙이다. CDA가 분석하려는 것은 담론 이면의 권력관계나 이데올로기 현상이기 때문에, 경험적 현상에 대한 분석적 · 귀납적 방법이 아니라, 해석적 · 설명적 방법이라는 것이다(Fairclough & Wodak, 1997: 278).

마지막 원칙은 담론이 일종의 사회적 행위(Discourse is a form of social action)라는 원칙이다. 비판적 담론분석의 주된 목적은 불투명한 권력관계와 지배종속관계를 폭로하는 것이다. 따라서 CDA에서는 의사소통적 실천과 사회정치적 실천을 통해서 변혁을 성취해야 하기 때문에 일종의 사회적 실천이고 행위라는 것이다(Fairclough & Wodak, 1997: 279-280).

3
페어클러프의 3차원 모델

영국 랭커스터대학 언어학과 교수였고 동대학 명예교수인 페어클러프(Fairclough)는 비판적 담론분석(CDA)의 창설자 중 한 사람이다. 그는 1985년 9월에 발간된 『화용론 저널(*Journal of Pragmatics*)』에서 'CDA'라는 용어를 처음 사용하였다. 그가 출판한 저서로는 1989년에 출판하여 2014년 3판까지 나온 『언어와 권력』을 비롯하여, 『담론과 사회변동』(1992), 『미디어 담론』(1995), 『비판적 담론분석』(1995) 등 다양하다. 페어클러프의 비판적 담론분석은 대표적인 학제적 연구라 할 수 있을 정도로 여러 학문과 학자의 영향을 받았다. 우선 언어학은 할리데이(Halliday)의 체계기능언어학(Systemic Functional Linguistics: SFL)의 영향을 받았고, 사회정의를 강조하는 철학적 관점은 마르크스로부터, 이데올로기와 헤게모니 이론은 아튀세르와 그람시로부터 영향을 받았고, 푸코로부터 선구적 담론분석의 영향을 받는 등 다양한 이론적 및 방법론적 영향을 받았다.

할리데이의 체계기능언어학(SFL)은 언어의 구조나 체계를 설명하기도

하지만, 언어가 무엇을 수행하고, 어떻게 수행하는가를 중요시하는 기능주의 언어학이다. 할리데이의 체계기능언어학은 체계기능문법(Systemic Functional Grammar: SFG)이라고도 하나, 이는 문상 문법이 아니라 담론 문법 혹은 텍스트 문법(text grammar)이기 때문에, 의사소통 기능을 강조하는 응용언어학 분야이다. 할리데이에 따르면, 언어가 충분한 의사소통의 체계(system of communication)로 기능하기 위해서는 세 가지 근본적 기능을 수행해야 한다(Halliday, 1978: 36-58). 세 가지 근본적 기능은 관념적 기능(ideational function)과 대인적 기능(interpersonal function), 그리고 텍스트적 기능(textual function)이다. 할리데이는 이 세 가지 범주를 세 가지 상위기능 혹은 메타기능(metafunctions)이라고 부른다(Halliday, 같은 곳).

첫째 기능인 관념적 기능(ideational function)은 외적 대상 혹은 내면적 대상에 대한 경험과 지각을 언어로 표현(representation)하는 기능을 뜻한다. 이는 화자가 대상세계에 대한 정신적 그림을 기호로 나타내는 것이고, 실재에 대한 경험을 설명하는 방법이다. 실재에 대한 경험을 부호화(encoding)하거나 설명하는 것은 곧 개념이나 관념을 전달(transmission)하는 것이기 때문에 관념적 기능은 타동성(transitivity)을 통해 나타나는 것이다(Beji, 2016: 328; Cordeiro, 2018: 212). 다시 말해서, 관념적 기능이란 경험을 통해서 우리가 갖게 된 마음속의 개념이나 관념을 표현하는 기능이다. 성적 차별, 민족적 차이, 계층 간의 차이 같은 사회적 차별화를 생산하고 재생산하거나 아니면 변혁하려는 누적된 관념을 표현하는 관념적 기능이 담론의 기능이라는 것이다. 이렇게 생각하면, SFL은 CDA의 수행에 유용한 모델이라 할 수 있다(Almeda-Hernandez, 2014: 4).

둘째 기능은 대인적 기능(interpersonal function)이다. 화자가 무엇에 관해서 말하기도 하지만, 다른 사람과 함께 말하기도 하고, 다른 사람에게 말하는 경우도 많다. 언어를 통한 대인적 상호작용은 언어 사용자 간의 교류(exchange)를 뜻한다. 언어는 타인에게 요청하는 기능, 설명하고 사과하는 기능, 동의하거나 거절하는 기능 등 여러 가지 기능을 수행한다. 대인적 메타기능은 이 모든 개별적 기능을 포괄하는 상위의 기능이라는 점에서 메타기능이라고 부른다. 첫째 기능인 관념적 기능은 자연의 세계에 관한 표상(representation) 기능이고, 둘째 기능인 대인적 기능은 사회적 세계에서 일어나는 대인 간의 교류(exchange)가 특징이다.

셋째 기능인 텍스트적 기능(textual function)은 관념적 기능과 대인적 기능에 의해 만들어진 의미를 조직하여 짜임새 있는 텍스트(coherent text)를 형성하는 기능을 뜻한다. 첫째 기능인 관념적 기능이 자연의 세계에 관한 표상 기능이고, 둘째 기능인 대인적 기능은 사회적 세계에서 일어나는 대인 간의 교류 기능이라면, 셋째 기능인 텍스트적 기능은 언어의 세계(verbal world)에서 전달되는 메시지(messages)가 핵심이다(Cordeiro, 2018: 213).

페어클러프(Fairclough)의 비판적 담론분석은 그 복적이 사회 불평등과 권력관계를 생산하고 재생산하거나 변혁하는 데 언어나 담론이 수행하는 기능을 비판적으로 분석하는 것이다. 따라서 비판적 담론분석을 구성하는 두 가지 요소는 언어와 사회 혹은 텍스트와 사회이고, 양자 간의 관계는 불가분의 긴밀한 관계라는 것이다(Fairclough, 1989: 23). 그러나 현실적으로 담론분석은 텍스트의 언어분석만 중요시하고 사회이론적 차원을 외면하는 경향과 사회이론적 차원은 중요시하면서도 텍스트의 언어분석은 소홀히 하는 두 가지 입장으로 대립되어 왔다. 전자는 할리데이의 체계기능언어학의 입장이고, 후자는 푸코의 담론이론이다. 페어클러프의 비판적 담론분석은 이 두 가지 경향의 대립을 초월하고, 이 두 가지 경향을 종합하는 방안을 모색한다(2003: 2-3).

페어클러프의 3차원 모델(three-dimensional model)을 이해하기 위해 결정적으로 중요한 것은 그의 담론 개념이다. 페어클러프에 따르면, "언어는 사회적 실천(language as social practice)"이고, "담론은 사회적 상호작용의 전체 과정을 뜻하고, 텍스트는 이 과정의 단지 일부일 뿐이다"(1989: 24). 이 과정은 텍스트 이외에도 텍스트의 생산과정과 텍스트의 해석과정이 포함된다. 텍스트는 생산과정의 산물(product)이고, 해석과정의 자원(resource)이다. 텍스트의 생산과정과 해석과정은 담론적 실천의 과정이다. 다시 말해서, 텍스트 내용을 해석하는 담론적 실천은 지배적 담론이 선호하는 해석(preferred reading)을 하기도 하고, 지배담론에 저항하는 해석(oppositional decoding)을 하기도 한다. 그러나 이러한 과정이 사회구조적 맥락에 의해 결정되는 원리를 외면하면 생산과 해석의 과정을 제대로 이해할 수 없다(Fairclough, 1989: 24).

이러한 상정에 근거하여, 페어클러프는 그의 3차원 모델을 개발한 것이다. 페어클러프에 따르면, 담론은 세 가지 차원을 갖는다. 첫째 차원은 텍스트(text)로서의 담론이고, 둘째 차원은 담론적 실천(discursive practice)으로서의 담론이고, 셋째 차원은 사회적 실천(social practice)으로서의 담론이다. 첫째 차원은 담론의 텍스트(text) 차원이고, 둘째 차원은 담론의 상호작용(interaction)적 차원이고, 셋째 차원은 담론적 실천이 전개되는 맥락(context)의 차원이다(같은 책, 25-26). 페어클러프는 담론의 세 차원(three dimensions of discourse)에 상응하는 비판적 담론분석의 세 차원(three dimensions of critical discourse analysis)을 구분해서 제시한다. 첫째 차원은 텍스트의 형식적 및 내용적 특징이 무엇인가를 기술(description)하는 차원이고, 둘째 차원은 텍스트의 해석(interpretation)을 어떻게 해야 하는가에 관한 차원이고, 셋째 차원은 생산과 해석에 미치는 사회적 결정이 왜 그렇게 되는가를 설명(explanation)하는 차원이다.

페어클러프의 3차원 모델

담론의 세 차원	(비판적) 담론분석의 세 차원
① 텍스트 분석	① 기술(description)
② 담론적 실천	② 해석(interpretation)
③ 사회적 실천	③ 설명(explanation)

1) 기술(description)

담론분석의 세 차원인 기술(description), 해석(interpretation), 설명(explana-tion)은 위에서 도표화한 것처럼 각기 텍스트 분석, 담론적 실천, 사회적 실천에 상응하는 방법이다. 기술의 단계에서는 어휘의 선택, 문법적 특성, 그리고 텍스트의 구조를 체계적으로 분석하고 기술하는 단계이다. 텍스트의 언어학적 특징이 이 단계에서 분석되고 기술되어야 한다. 텍스트의 언어학적 특징을 기술하는 이 단계를 좀 더 정확히 이해할 수 있도록 돕기 위해서, 페어클러프는 어휘에 관련된 4가지 질문, 문법에 관련된 4가지 질문, 텍스트 구조에 관련된 2가지 질문 등 모두 10가지 물음을 제시하고 있다. 예컨대 어휘에 관련된 질문 중에는 "이데올로기적으로 논쟁을 야기할 어휘는 없는가"(물음 1번), 문법에 관련된 질문 중에는 "단문을 연결하는 방법이 무엇인가"(물음 8번), 텍스트 구조에 관련된 질문 중에는 예컨대, 한 참여자가 다른 사람의 발언 순서를 통제하는 경우처럼, "어떤 상호작용적 관행이 사용되었는가"(물음 9번) 등 구체적인 질문이 제시되어 있다(Fairclough, 1989: 110-111).

2) 해석(interpretation)

담론은 그냥 언어가 아니라 사회적으로 실천되는 언어를 뜻한다. 그러나 언어가 사회적으로 결정되는 원리나 언어가 사회를 결정하는 원리는 난해하기 때문에, 담론분석에서는 언어와 사회를 매개되는 관계로 본다(Fairclough, 1989: 140). 페어클러프에 따르면, 언어와 사회의 관계를 매개하는 요인은 담론적 실천이고, 이는 곧 텍스트의 생산과 해석의 과정이었다. 텍스트의 해석은 "텍스트에 있는 것(what is in the text)과 해석자의 내면에 있는 것(what is 'in' the interpreter), 텍스트라는 실마리(cues)와 해석자의 이데올로기적 상정 간의 변증법적 상호작용에 의해 형성된다"(Fairclough, 1989: 141). 페어클러프는 해석자의 내면에 있는 것을 MR(members' resources)이라고 부르고, 이를 '배경적 지식(background knowledge)'이라고 한다.

그러나 페어클러프의 설명을 보면, MR은 우리가 어떤 것을 해석할 때 우리의 합리적 판단 그 자체에 강력한 영향을 미치는 이데올로기적 가치관, 태도, 신념 같은 것을 뜻한다. 따라서 MR을 배경적 지식이라고 하면, 이성의 산물인 지식(knowledge) 개념은 감성적 차원인 이데올로기적 상정 개념을 오도하기 쉽다. 결국, MR은 이데올로기적 상정과 같은 개념이다(Fairclough, 1989: 141-2). 어떻든 페어클러프가 해석자 내면의 이데올로기적 상정을 중요시하는 이유는 우리의 담론에 체현된 남녀 간, 인종 간, 민족 간, 계층 간 차이 혹은 공적 담론에 대한 접근기회가 높은 사람과 낮은 사람 간의 차이 등 다양한 차이와 불평등 혹은 권력남용과 지배종속을 비판적으로 극복하기 위한 것이다. 다시 말해서, 비판적 담론분석가는 권력이 높은 구성원들의 이데올로기적 해석을 권력이 낮은 구성원들에게 강요하는 권력남용과 불평등에 대한 비판적 감수성을 잃지 않아야 한다는 것이다(Fairclough, 1989: 161-2).

3) 설명(explanation)

비판적 담론분석의 첫째 단계는 텍스트의 특징이 무엇(what)인가를 분석하고 기술하는 단계였고, 둘째 단계는 텍스트를 어떻게(how) 해석해야 하는가를 다루는 단계였다면, 셋째 단계는 텍스트의 생산과 해석을 다루는 담론적 실천이 왜(why) 사회문화적 요인에 의해 결정되는가를 설명하는 단계이다. 설명 단계에서는 연구대상인 담론을 사회적 실천의 맥락, 다시 말해서 보다 거시적인 사회정치적인 맥락에 비추어 봄으로써 담론이 사회구조에 의해 형성되면서도 동시에 사회구조를 형성하는 이유를 설명한다. 이 단계는 우리의 언어와 담론이 남녀 간, 인종 간, 민족 간, 계층 간 차이를 강조하는 사회문화적 구조의 영향을 받으면서도, 다른 한편으로는 담론적 실천을 통해 불평등 구조를 시정해야 하는 이유를 설명할 수 있다.

반 다이크의 사회인지적 접근

반 다이크(van Dijk)는 비판적 담론분석(critical discourse analysis: CDA)이라는 표현보다는 비판적 담론연구(critical discourse studies: CDS)라는 표현을 선호한다(2009: 63). 담론에 대한 비판적 연구가 비판의 '방법(method)'보다는 비판적 '관점 혹은 태도(perspective or attitude)'를 중요시하는 연구가 되어야 한다고 생각했기 때문이다. 그러나 CDA와 CDS는 큰 차이가 없다. 페어클러프, 보닥, 반 다이크는 모두 권력의 남용과 지배종속 및 사회적 불평등의 생산과 재생산에서 수행하는 담론의 역할을 비판적으로 분석한다는 점에서 같기 때문이다(Van Dijk, 1993: 249). 이들은 언어가 사회에 의해 형성되면서도 사회를 형성하기도 한다는 전제하에, 언어와 사회의 관계 혹은 담론과 사회의 관계를 중요시한다. 그러나 담론과 사회 혹은 언어와 사회 사이를 페어클러프에서는 담론적 실천(discursive practice)이 매개하였으나, 반 다이크에서는 사회적 인지(social cognition)가 매개한다(Van Dijk, 2009: 64). 다시 말해서, 페어클러프의 3차원 모델에서는 담론적 실천이 매개개념인 데 비하여, 반 다이크의 비판적 담론연구에서는 사회적 인지가 담론과 사회를 매개한다.

CDS와 CDA의 모든 연구는 담론과 사회, 언어와 사회 혹은 텍스트와 사회 간의 관계를 연구하지만, 반 다이크는 담론과 사회 간의 관계가 인지적으로 매개된다고 본다. 담론의 구조와 사회구조는 너무나 다르기 때문에, 언어 사용자의 정신적 표상(mental representations)을 통해서만 관계가 드러난다는 것이다. 그래서 사회구조나 사회적 상호작용은 그러한 구조나 상호작용에 대한 사람들의 인지적 해석을 통해서 비로소 담론에 영향을 미칠 수 있고, 반대로 담론도 지식, 태도, 이데올로기, 정신적 모델의 인지적 매개를 통해서 비로소 사회구조나 사회적 상호작용에 영향을 미칠 수 있기 때문이다. 그러면 반 다이크(2009: 64)의 「담론-인지-사회의 삼각모델(discourse-cognition-society triangle)」에서 담론과 사회를 매개하는 사회적 인지(social cognition) 개념은 구체적으로 무엇인가?

독일인에 대한 유대인의 태도, 노동자에 대한 자본가의 태도, 여성에 대한 남성의 태도, 백인에 대한 흑인의 태도는 직접 혹은 간접경험의 결과로 형성된 인지(cognition)라 할 수 있다. 이러한 인지를 사회적 인지라고도 부른다. 그러나 다시 생각해보면, 이는 사회적 인지와 개인적 인지가 혼합된 것이다. 예컨대 어떤 흑인의 할아버지와 아버지 세대가 모두 백인의 노예생활을 했다고 하면, 그 흑인은 앞으로 백인에 대해서 우호적 태도보다는 적대적 태도를 가질 가능성이 높다고 할 수 있다. 이러한 태도는 오랜 경험을 통해서 형성된 반응체계로, 인지심리학에서는 이를 스키마(schema) 혹은 인지적 개념도식(cognitive schema)이라고 부른다. 사회구성원들이 공유하는 이러한 태도의 정확한 심리구조는 아직 모르지만, 이러한 태도는 주로 개념적 도식으로 조직화(schematically organized)된다(Van Dijk, 2009: 69).

그뿐만 아니라, 태도가 이데올로기에 의해 더 근본적으로 조직화되는 경우도 있다. 그래서 인종차별적 이데올로기(racist ideology)는 이민에 대해서, 소수인종 차별철폐조치(affirmative action)에 대해서, 문화적 다양성에 대해서 더 부정적인 태도를 조장할 수 있다. 예컨대, 2014년 유럽의회 의원선거에서 영국의 독립당(UK Independence Party: UKIP)의 선거 벽보에는 선거에 이기기 위해 노골적으로 외국인 혐오감과 인종차별을 부추기는 선전을 했다: "현재 유럽에는 2,600만명의 외국인 노동자들이 일자리를 찾고 있다", "이들이 과연 누구의 일자리를 빼앗아 가는가?"(Van Dijk, 2009: 65). 이 선거 벽보는 분명 외국인을 혐오하는 태도(xenophobic attitude)를 드러낸 것이다. 다시 말해서, 외국인 노동자보다 영국인 노동자들에게 취업 기회의 우선성을 부여해야 한다는 것이다. 이러한 태도는 보다 근본적으로 인종차별적 이데올로기에 근거한 것이다.

반 다이크의 CDS에서는 태도나 이데올로기 같은 사회적 인지가 담론과 사회의 관계를 매개하고, 그래서 내부자(indider)가 외부자(outsider)를, 우리(Us)가 그들(Them)을, 강자가 약자를 타자화시키는 요인으로 작용한다. 다시 말해서, 반 다이크의 접근방법을 다른 비판적 접근들로부터 구별짓는 것은 그가 사회적 인지에 부여하는 중요성이다. 반 다이크의 비판적 담론연구(CDS)에서는 담론과 사회 사이의 관계를 사회적 인지가 매개한다. 이데올로기는 사회구성원들이 공유하는 태도를 조직하는 하나의 정신적 표상(mental representations) 체계로서, 우리가 말하고 행동하는 방법을 통제하고, 우리가 타인을 이해하고 평가하는 방법을 통제하는 규범으로 작용한다. 이러한 정신적 표상은 가끔 내집단 구성원에게는 "우리(Us)"라는 긍정적 의미를 부여하고, 이민이나 난민 같은 외집단 구성원에게는 "그들(Them)"이라는 부정적 표상을 부여함으로써 사회를 양극화시킨다(Van Dijk, 2009: 69).

반 다이크의 이론 중 또 하나의 독특한 개념은 공적 담론의 중요성과 "공적 담론의 통제(control of public discourse)" 개념이다(Van Dijk, 2008: 355). 우리는 대체로 친구, 가족, 직장 동료들과의 일상적 대화를 잘 조절하고 통제할 수 있다. 그러나 우리는 뉴스 보도 및 해설, 시사 토론, 성직자의 강론, 대학의 강의, 검사의 구형이나 논고, 판사의 선고 같은 공적 담론은 우리가 해야 할 것과 믿어야 할 것을 이야기하는데도 불구하고 우리가 거의 통제할 수 없다. 일반인들은 대체로 공적 담론의 수동적 대상일 뿐이다. 반면에 강력한 집단의 구성원들, 특히 그 집단의 지도자나 엘리트들은 공적 담론에 대한 접근 가능성에 특권적 지위를 누린다. 성직자는 종교적 담론을, 교수는 학문적 담론을, 교사는 교육적 담론을, 정치가는 정치적 담론을, 언론인은 미디어 담론을 각기 통제할 수 있는 배타적 특권을 누린다. 그래서 오늘날은 공적 담론에 접근 기회가 높은 계층과 낮은 계층 간의 불평등이 돈, 권력, 명성 같은 전통적 희소자원에 대한 접근 기회의 불평등보다 더 심각한 자부심과 소외의 원인이 된다는 것이다(Van Dijk, 2008: 355-356).

요컨대, 반 다이크가 중요시하는 사회인지적 접근의 적절성은 인종차별주의적 담론(racist discourse)이 사회를 동일자와 타자 혹은 강자와 약자로 양극화시키는 구체적 사례에서 더욱 뚜렷하게 드러난다. 첫째로, 인종차별적 담론은 이민자, 난민, 소수인종에 대한 부정적 기술을 통해 우리와 그들('Us' and 'Them'), 동일자와 타자(Same and Other) 간의 이데올로기적 양극화의 담론구조를 만든다. 둘째로, 이러한 담론구조는 사회적으로 공유하는 민족적 편견과 인종차별적 이데올로기를 더욱 강화하고, 이러한 편견과 이데올로기가 언어 사용자 개개인의 정신적 모델(mental models)에 영향을 미치는 것이다. 셋째로, 이러한 담론과 그 이면의 사회적 인지(social cognition)는 소수집단과 이민자 위에 군림하는 백인 지배집단에 의하여 인종적 지배와 불평등을 생산하고 재생산하는 요인이 된다. 소수집단과 이민자들은 강력한 엘리트집단과 조직에 의해 통제된다. 이들 엘리트집단은 정치, 언론, 교육 등 공적 담론에 대한 접근 기회가 높기 때문이다. 이러한 이론과 분석은 사회의 인종차별주의적 담론을 비판하는 데 필수적이다(Van Dijk, 2009: 64).

5
보닥의 담론-역사적 접근

보닥(Ruth Wodak)은 1950년 런던 태생으로 랭커스터대학을 졸업하고, 그 대학 언어학 및 영어학과 교수이면서, 오스트리아 비엔나대학의 교수였다. 보닥은 페어클러프(Faircough), 반 다이크(Van Dijk) 등과 함께 비판적 담론분석(CDA) 혹은 비판적 담론연구(CDS)를 주도하면서도, 학제적이고 문제 중심적 연구 접근인 '담론-역사적 접근(Discourse-Historical Approach: DHA)'을 개발하였다. 다시 말해서, "DHA는 넓은 의미의 CDS 혹은 CDA에 속하는 하나의 접근방법"(Wodak, 2015: 1)이기 때문에, DHA가 CDS 혹은 CDA와 다른 학파는 아니다. 그러나 담론-역사적 접근은 그 명칭이 뜻하는 것처럼, 텍스트든 맥락이든 혹은 연구의 주제든 항상 역사적 차원을 중요시하고, 담론적 구성을 중요시하는 것이 특징이다. 보닥의 연구는 이민, 난민, 여성 등 다양한 사회적 타자의 차별화에 대한 연구도 많지만, DHA의 연구 중 가장 대표적인 것은 1999년에 초판이 나오고 2009년에 확장된 개정판이 나온 『오스트리아 민족정체성의 담론적 구성(*The discursive construction of national identity in Austria*)』이라는 연구이다(Reisigl, 2017: 2). 『비판적 담론분석, 담론–역사적 접근』에서, 보닥(2015)은 담론–역사적 접근(DHA)의 열 가지 중요한 원칙을 다음과 같이 제시한다:

① 담론–역사적 접근은 다학문적 접근(interdiciplinary approach)이다. 여기서 다학문성은 이론, 방법, 연구의 실천, 실제적 응용 등을 포함하는 넓은 개념이다.

② DHA는 문제지향적 접근(problem oriented approach)을 중요시한다. DHA에서는 다학문적 접근과 문제지향적 접근, 협동연구(teamwork), 연구방법의 다각화 혹은 삼각화(triangulation), 응용의 존중(orientation toward application) 등 4가지를 방법론의 특징으로 삼는다. 특히 삼각화는 다양한 출처의 자료를 활용하고, 많은 조사자가 참여하고, 다양한 방법을 동원함으로써, 연구의 편파성 내지 주관성 문제를 해결하고, 연구의 타당성을 확보하는 방법으로 DHA에서 중요시한다.

③ 연구목표의 적절한 설명과 이해에 도움이 될 수 있도록, 다양한 이론과 방법의 통합을 추구한다.

④ DHA에서는 내부자의 관점을 중요시하고 그래서 현장연구와 민족지학적 방법(fieldwork and ethnography)을 활용한다.

⑤ DHA 연구는 이론과 경험 간의 순환적 연구를 중요시한다.

⑥ 텍스트들 간의 관계(intertextual relationships) 및 담론들 간의 관계(interdiscursive relationships)의 관계를 중요시한다.

⑦ 텍스트나 담론을 해석할 때 그 역사적 맥락(historical context)을 중요시한다.

⑧ DHA에서는 범주나 도구를 고정시키지 않고, 연구 중인 구체적 문제에 따라 범주나 도구를 수정할 수 있다.

⑨ DHA에서는 중범위 이론(middle-range theories)을 좋은 이론적 토대로 삼지만, 경우에 따라서는 거대이론(grand theories)을 기초로 삼을 수도 있다.

⑩ 연구결과의 활용(application of results)을 중요시한다.

DHA는 물론 모든 CDA에서도 중요시하는 세 가지 핵심 개념은 비판(critique), 권력(power) 그리고 이데올로기(ideology) 개념이다. 우선 DHA에서 구별하는 세 가지 비판개념에는 텍스트 혹은 담론 내재적 비판, 사회진단적 비판 그리고 미래를 내다보는 예견적 비판이 있다(Wodak, 2015: 3).

첫째, 텍스트 혹은 담론 내재적 비판(text or discourse immanent critique)은 일차적으로 텍스트 내부의 구조나 담론 내부의 구조에 모순이나 역설 혹은 갈등이 없는가를 비판적으로 검토하는 것을 뜻한다.

둘째, 사회진단적 비판(socio-diagnostic critique)은 대중을 설득하고 조종하는 담론적 실천의 위선을 폭로하는 비판을 뜻한다. 이러한 탈신비화의 비판(demystifying critique)에서, 우리는 사회적·정치적·역사적 배경지식을 이용하여 사회 현실과 지배 이데올로기의 괴리를 비판해야 한다.

셋째, 예견적 비판(prognostic critique)은 사회개혁과 변화에 기여하는 비판으로, 예컨대 성차별적 언어행동을 예방하기 위한 지침을 개발 보급하여 병원, 학교, 직장에서 성차별적 언어발생의 빈도를 낮추려는 노력을 뜻한다.

권력과 지배의 실상을 이해하고 통찰하는 것이 CDA와 DHA의 중요한 과제이다. 권력남용과 지배가 유지 존속되는 사회적 불평등을 비판하고 개선하는 것이 모든 유형의 비판적 담론분석의 목적이기 때문이다. 오늘날의 권력은 타인의 반대에도 불구하고 나의 뜻을 관철하는 강압적 권력이 아니라, 교육, 종교, 문화, 신문과 방송, 인터넷 같은 커뮤니케이션 매체를 통해서 시민의 자발적 동의를 유도해내는 설득과 회유를 통해서 행사되는 권력이다. 오늘날은 교육적 담론, 종교적 담론, 문화적 담론, 미디어 담론을 통해서 권력과 지배가 이루어진다. 따라서 비판적 담론분석은 노동자에 대한 자본가의 지배, 흑인에 대한 백인의 지배, 여성에 대한 남성의 지배, 타자에 대한 동일자의 지배를 자연스럽고 정당한 것으로 수용하지 않을 수 없도록 설득하고 유도하는 담론에 대한 비판적 담론을 마련해야 할 것이다(van Dijk, 1993: 251).

담론-역사적 접근(DHA)에서, 이데올로기는 특정 사회집단의 구성원들이 공유하는 신념, 태도, 가치관 같은 관련된 정신적 표상(mental representations)으로 구성된 세계관 혹은 관점이라고 본다(Reisigl & Wodak, 2017: 88). 이데올로기는 남녀 간, 계층 간, 인종 간의 지배종속 같은 불평등한 권력관계를 언어 혹은 담론을 통해서 유지 존속하는 중요한 수단이다. 예컨대 학생보다는 교사가, 신자보다는 성직자가, 시민보다는 정치 지도자가, 일반 시청자보다는 기자나 편집자가 특정 정보를 선택하거나 거부할 수 있는 게이트키핑(gate-keeping) 권한이 강력하고, 공적 담론(public discourse)에 대한 접근 기회가 많기 때문에 담론이 불평등한 권력을 유지 존속시키는 수단이 된다는 것이다. 그러나 저항 이데올로기 혹은 저항 헤게모니를 통해서 기존의 권력관계를 변혁할 수 있는 가능성을 탐색하는 것이 CDA 혹은 DHA의 과제라고 본다.

라클라우와 무페의 담론이론

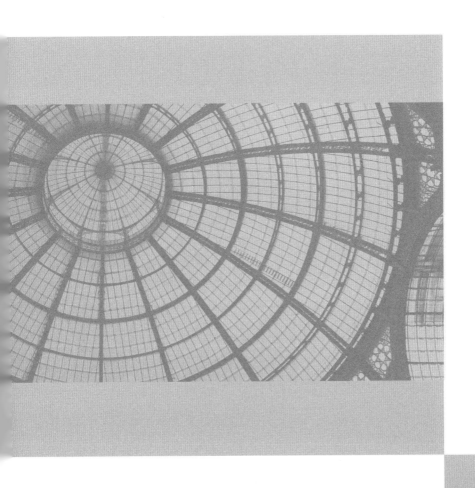

1

포스트마르크스주의

정통마르크스주의(orthodox Marxism)는 사회를 구성하는 여러 제도들 중에서 가장 중요한 것은 경제적 토대(economic base)이고, 경제적 토대 이외의 정치·교육·법률·종교·철학·예술 등 모든 문화적 영역은 경제적 토대에 의해 획일적으로 결정된다고 본다. 이를 경제적 토대가 그 위에 구축된 거대한 상부구조(superstructure)를 결정한다는 경제결정론이라고 한다. 달리 말해서, 경제결정론은 모든 것을 경제 중심으로 설명하는 총체론적 사고방식이고 근원주의적 사고방식이다. 경제적 토대가 모든 것의 근원 혹은 본질(essence)이고, 상부구조는 비본질적인 현상(phenomena) 형태라는 것이다. 정통마르크스주의는 마르크스(Karl Marx, 1818~1883) 사망 후 각국의 공산당 혹은 사회당이 공식적으로 인정한 이른바 공식적 철학(official philosophy)이다.

라클라우(Ernesto Laclau, 1935~2014)와 무페(Chantal Mouffe, 1943~)는 그들의 공저로 유명한 『헤게모니와 사회주의 전략(*Hegemony of Socialist Strategy:*

HSS)』(2001/1985)의 서문에서 그들의 정치사상을 포스트마르크스주의라고 선언한다(2001: ix). 라클라우와 무페가 그들의 정치사상을 포스트마르크스주의(post- Marxism)라고 하는 것은 마르크스주의의 가장 핵심적인 신조, 특히 본질주의(essentialism)와 단절하기 때문이고, 그들의 사상을 포스트마르크스주의(post-Marxism)라고 하는 이유는 평등을 강조하는 마르크스주의의 긍정적 이념을 계승하기 때문이다. 요컨대 라클라우와 무페가 포스트마르크스주의라고 하는 것은, 마르크스주의와 단절하는 것이 아니라, 한편으로는 마르크스주의의 약점인 기계적 결정론과 본질주의 혹은 근원주의를 넘어서면서, 다른 한편으로는 마르크스주의의 강점인 평등 이념을 재전유(reappropriation)하는 입장을 뜻한다.

헝가리의 루카치(Lukacs), 이탈리아의 그람시(Gramsci), 독일의 호르크하이머(Horkheimer), 아도르노(Adorno), 마르쿠제(Marcuse), 벤야민(Benjamin), 하버마스(Habermas) 등 프랑크푸르트학파, 프랑스의 알튀세르(Althusser) 등 대다수 서구 마르크스주의 사상은 대체로 정통마르크스주의의 경제결정론에 대해서는 비판적이다. 라클라우와 무페도 담론과 이데올로기를 비롯한 모든 문화적 영역이 경제적 토대에 의해서 결정된다고 보는 정통마르크스주의를 비판한다(Townshend, 2004: 269). 라클라우와 무페가 정통마르크스주의를 비판할 때는 주로 데리다의 해체철학, 푸코의 담론분석, 라캉의 정신분석과 무의식이론 등 포스트구조주의적 관점에서 재해석한다.

다시 말해서, 사회구성의 궁극적 근원을 경제적 토대라고 보는 정통마르크스주의를 비판할 때, 이론적 성찰의 주요 원천은 데리다의 해체철학, 특히 결정불가능성(undecidability) 개념이었다. 사회 현상이나 인간 현

제7장 라클라우와 무페의 담론이론

상의 고정된 본질은 없고 담론적으로 구성된 것이라는 관점은 푸코의 담론이론과 라캉의 정신분석이론의 영향을 받은 것이다. 라캉은 무의식의 징후와 무의식의 내용 같은 프로이트적 용어를 각기 기표와 그 기의라는 기호학적 용어로 표현하기도 한다. 아무리 많은 꿈의 영상도 무의식의 본질을 여실히 재현할 수 없다는 것을, 라캉은 기표의 끊임없는 환유적 사슬 아래로 기의의 미끄러짐 혹은 부유하는 기표(floating signifier)라고도 하고, 기표가 그 기의를 여실히 재현할 수 없는 것을 텅빈 기표(empty signifier)라고도 부른다. 이는 초월적 기표의 부재 혹은 궁극적 본질의 결정불가능성에 관한 설득력 있는 설명이다.

정통마르크스주의 시대의 사회운동은 노동자 계급의 계급투쟁이었다. 정통마르크스주의는 생산수단을 소유한 유산계급과 생산수단을 소유하지 못한 무산계급 간의 경제적 지배종속, 다시 말해서 자본가와 노동자 간의 경제적 지배종속이 남녀 간, 인종 간, 민족 간 지배종속의 궁극적 근원이라고 생각했다. 남녀 간, 인종 간, 민족 간 지배종속은 갈등의 표면적 현상이고 이러한 갈등 현상 이면의 본질은 계급 간의 지배종속이고 경제적 지배종속이라는 것이다. 라클라우와 무페는 정통마르크스주의의 이러한 사고방식을 근원주의, 본질주의, 경제결정론, 혹은 토대 상부구조론이라고 비판한다.

라클라우와 무페의 포스트마르크스주의는 오늘날의 사회운동은 계급투쟁뿐만 아니라, 여성 인권운동, 환경보존운동, 외국인 노동자 인권운동, 소비자 권익 보호운동, 성소수자의 권리운동(Lesbian, Gay, Bisexual, Transgender: LGTB Rights), 인종차별운동, 특수종교의 종교적 차별 철폐운동

등 매우 다원적인 사회운동으로 변화되었다. 이러한 다원적 신사회운동 (New Social Movements)을 획일적으로 설명할 수 있는 하나의 궁극적 본질이나 궁극적 근원 같은 것은 있을 수 없다는 것이다. 라클라우와 무페는 이러한 다원적 사회운동이 이질적 운동임에도 불구하고 서로 연대(solidarity)를 형성하는 원리를 헤게모니적 접합(articulation)으로 설명한다. 여기서 접합은 요소들 간의 관계가 일방적인 규정관계로 이루어진 것이 아니라, 인체의 관절처럼 전체 내에서 일종의 분절화하여 이루어진 것이며 구성요소들이 각기 상대적 자율성을 유지하면서 독특하게 공존하는 관계를 이룬다고 할 수 있다. 예컨대 환경운동, 노동운동, 참교육운동, 여권운동 등 다원적 사회운동이 각기 그 고유성과 이질성을 가지고 상대적 자율성을 누리면서도 대등한 운동들이 평등 이념을 매듭 혹은 결절점(nodal point)으로 하여 연쇄를 형성(chain of equivalents)하는 것도 접합의 한 사례로 볼 수 있다.

상대적 자율성과 헤게모니

정통마르크스주의의 경제결정론에 대한 알튀세르(Althusser)의 비판은 상부구조의 상대적 자율성 개념에 근거한 것이다. 정치 · 교육 · 법률 · 종교 · 철학 · 예술 등 모든 문화적 상부구조가 경제적 토대에 의해 획일적으로 결정된다고 보는 기계적 결정론을 수정하고, 상부구조의 상대적 자율성(relative autonomy)을 인정해야 한다는 것이다. 알튀세르에 따르면, 사회를 이루는 여러 제도 영역은 저마다 고유한 역사와 발전의 리듬이 있기 때문에 불균등하게 발전한다. 예컨대, 고대 노예제 생산양식 하에서는 도시국가의 정치가, 중세 봉건적 생산양식 하에서는 종교가, 그리고 현대 자본주의적 생산양식하에서는 공교육이 각기 그 시대의 경제적 생산양식을 정당화하는 지배적 이데올로기 기능을 수행하기 때문에, 고대의 정치, 중세의 종교, 현대의 공교육은 그 시대의 경제적 토대로부터 상대적 자율성을 누린다는 것이다. 그러나 어느 시대, 어떤 제도 영역이 지배적 이데올로기 기능을 수행하는가를 결정하는 최종적 층위는 경제적 생산양식이라는 것이다. 이러한 상대적 자율성 모델은 한편으로는 경제적 토대의 최종적 결정이라는 마르크스의 기본관점을 존중하면서도 다른 한편으로는 문화적 상부구조의 상대적 자율성을 설득력 있게 해명함으로써 경제결정론의 문제점을 극복했다고 볼 수 있다. 알튀세르의 상대적 자율성 이론 중에서, 라클라우와 무페는 특정 시대나 특정 제도권 안에서 경제적 생산양식이 지배적 이데올로기를 결정한다는 주장은 여전히 경제결정론적 영향을 극복하지 못한 관점으로 비판하면서, 이데올로기 기능이 경제적 토대로부터 상대적으로 자유롭다는 주장에는 동의한다.

정통마르크스주의의 경제결정론에 대한 그람시(Gramsci)의 비판은 헤게모니 이론에 근거한 것이다.

프랑스의 알튀세르가 이데올로기 이론으로 유명한 것처럼, 이탈리아의 그람시는 헤게모니 이론으로 유명하다. 이데올로기와 헤게모니는 유사한 개념이긴 하지만 뚜렷한 차이점도 있기 때문에 구별해서 사용해야 한다. 이데올로기는 구성원들이 공유하는 사상과 이념을 뜻하고, 헤게모니는 사상과 이념의 토양 위에 행사되는 문화적 권력을 뜻한다. 예컨대, 여자보다 남자를 더 중요시하는 유교 이데올로기가 폭넓게 확산되면, 남성의 문화적 권력, 즉 남성 헤게모니가 강화되고, 개인 간 경쟁의 자유를 중요시하는 자유주의 이데올로기가 폭넓게 확산되면, 자본가 계급의 헤게모니가 강화되는 것이다. 이와 같이 이데올로기는 사상과 이념을 뜻하고, 이데올로기의 토양에서 행사되는 문화적 권력은 헤게모니라 할 수 있다.

그람시는 정통마르크스주의가 경제적 토대에 의하여 획일적으로 결정된다고 생각하던 상부구조를 정치사회와 시민사회로 나눈다(1971:12). 정치사회(political society)는 강제력을 행사할 수 있는 입법·사법·행정기관으로 구성된 정부 혹은 국가를 뜻한다. 시민사회(civil society)는 교육·종교·출판·방송과 신문 및 오늘날의 인터넷과 커뮤니케이션 매체 등 주로 이데올로기적 설득을 통해서 불평등에 대한 피지배계층의 능동적 동의를 유도하기도 하고, 피지배계층의 저항이 표출되기도 하는 지형이다. 정통마르크스주의 국가이론에서, 국가는 부르주아 계급의 계급적 이익을 도모하는 집행위원회에 불과한 강압적 기구였다. 그러나 그람시가 1926년 무솔리니 정권하에 투옥되어 감옥에서 『옥중수고』를 작성하던 당시의 서구적 상황에서 국가는 외각참호에 불과하고, 그 배후에는 시민사회의 강력한 요새와 진지가 버티고 있다는 것이다(1971: 207).

정치사회(political society)와 시민사회, 혹은 국가(state)와 시민사회에 관한 그람시의 관점은 두 가지로 요약할 수 있다. 역사적으로 볼 때, 시민사회가 발전되지 못한 나라의 국가는 강제력에 의하여 통치하고, 시민사회(civil society)가 성숙하게 발전된 나라의 지배계급은 시민사회의 이데올로기적 설득을 통해 권력과 부의 불평등구조에 대한 피지배계급의 자발적 동의를 유도할 수 있었다는 것이다. 이는 어떤 사회집단이 권력을 장악하기에 앞서, 우선 지적·도덕적 지도력을 행사할 수 있을 때 비로소 진정한 권력집단이 될 수 있고, 권력을 장악한 이후에도 계속 지적·도덕적 지도력을 발휘할 수 있어야 진정한 헤게모니 집단이 될 수 있다는 것이다(Gramsci, 1971: 57). 이는 헤게모니 행사에 강제력을 배제해야 한다는 것이 아니라, 그람시의 헤게모니 개념이 강압보다는 동의, 정치적 지배보다는 이념적 설득을 강조함으로써 지배계급의 지배에 피지배계급의 능동적 동의를 유도할 수 있어야 한다는 점을 강조하는 것이다.

결국, 현대 자본주의 사회의 지배계급은 한편으로는 피지배계급의 주장을 경청하여 적절한 수준의 양보와 타협을 통해서 능동적 동의와 자발적 협조를 유도하고, 다른 한편으로는 교육 · 문화 · 매스커뮤니케이션 · 정치 그리고 종교영역을 주도하는 계층의 폭넓은 지지를 확보함으로써 지배계급의 헤게모니를 실질적으로 유지하고 확장할 수 있다는 것이다. 그람시가 보기에, 서구 선진 자본주의 사회가 간헐적인 경제적 위기에도 불구하고 지속적인 안정을 유지할 수 있는 이유는 무엇보다도 헤게모니의 생성과 유지의 핵심지형인 시민사회가 견고하기 때문이다. 따라서 그람시는 노동자계급도 권력 탈환을 위해 파국적인 민중봉기에만 급급할 것이 아니라, 우선 시민사회의 폭넓은 지지를 얻을 수 있을 정도로 노동자계급의 도덕적 · 지적 문화 수준을 높여야 헤게모니를 장악할 수 있다고 본다.

제7장 라클라우와 무페의 담론이론

3
포스트구조주의적 담론이론

라클라우(Laclau)는 아르헨티나 출신의 영국 정치이론가이면서 철학자로 유명하다. 라클라우는 그의 오랜 공동연구자인 벨기에 출신의 무페(Mouffe)와 함께 포스트마르크스주의의 대표적 인물로 알려져 있다. 라클라우는 1964년에 아르헨티나의 부에노스 아이레스(Buenos Aires)대학을 졸업하고, 영국의 에섹스(Essex)대학에 유학하여, 1977년에 박사학위를 받았다. 1986년부터 에섹스대학에서 정치학 분야의 강의를 하였고, 인문사회과학 이론연구센터를 운영하면서 무페와 함께 인종차별, 성차별, 난민과 이방인에 대한 차별, 문화적 차별, 우리와 그들 간의 차별 등 경제적 토대 중심의 총체론적 모델로는 해명하기 어려운 탈구된 사회(dislocated society)의 복합성을 분석하기 위해 정통마르크스주의를 비판적으로 극복한 포스트구조주의적 담론분석을 개발함으로써 에섹스학파의 담론분석(Essex School of Discourse Analysis)이라는 별명을 얻기도 하였다.

라클라우와 무페의 담론이론은 마르크스주의 사회이론을 포스트구조주의적 관점에서 재구성한 것이기 때문에 포스트구조주의적 담론이론 (poststructural discourse theory: PDT)이라고 부른다. 마르크스주의 사회이론은 경제적 생산양식이 사회의 실질적 토대이고, 경제적 토대 위에 구축된 정치적·문화적·이데올로기적 상부구조는 경제적 토대에 의해 결정된 다고 보는 입장이다. 이러한 입장을 경제결정론, 토대 상부구조론, 근원 주의 혹은 본질주의라고 부른다. 이러한 마르크스주의 사회이론을 포스 트구조주의적으로 재구성한 라클라우와 무페의 담론이론에는 결정론적 관점이 없고 근원과 본질을 거부한다. 이를 기호학적으로 표현하면 라클 라우와 무페의 담론이론은 초월적 기의(transcendental signified)를 인정하지 않는 입장이다.

포스트구조주의적 담론이론은 마르크스주의의 경제결정론과 본질주 의에서 벗어나 결정된 본질이 없기 때문에, 이제 우리가 보다 정의로운 사회를 정치적으로 쟁취해야 한다는 정치적 논리(political logic)와 비결정성 (indeterminacy)의 중요성을 강조하는 입장이다(Laclau & Mouffe, 1985: 1-88). 어떤 것이 바람직한 사회정의이고, 어떤 것이 진정한 주체성인가는 모두 담론적으로 구성되는 것일 뿐 결코 고정된 진리는 없다. 고정된 본질, 고 정된 근원 혹은 불변의 고정된 진리가 없다는 라클라우와 무페의 이러한 관점은 포스트구조주의적 관점이다.

이와 같이 라클라우와 무페의 담론이론은 데리다의 해체철학, 라캉의 정신분석, 푸코의 담론분석 등 포스트구조주의적 관점을 활용하여 사회 적 불평등이나 차별화를 비판한다. 데리다의 해체철학은 우리의 사고관 행의 오류를 비판한다. 우리의 대상인식은 서열적이라는 것이다. 음성언어가 문자언어보다 본질적이고, 신이 인간보다 본질적이고, 현전이 부재보다, 이성이 감성보다, 남성이 여성보다 본질적이라는 서열적 사고 혹은 이원적 대립이 그 특징이라는 것이다. 그러나 데리다 해체이론의 핵심적 주장은 이러한 서열적 사고의 타당성을 결정할 수 없다는 것이다. 이러한 대립항을 상호보완적 관계로 볼 수는 있어도 서열성은 결정불가능하다는 것이다. 라캉의 정신분석도 본질을 알 수 없다는 것, 본질의 결정불가능성이라는 결론은 같으나 논증 방법만 다르다.

라클라우와 무페는 접합에 관하여 다음과 같은 생각을 피력한다: "접합(articulation)의 실천은 접합을 가능하게 하는 매듭 혹은 결절점으로 이루어지고, 접합을 통해서 담론의 의미가 부분적으로 고정되는 과정에서는 그 담론에 의해서 배제되는 다른 의미들도 있다. 어떤 담론에 의해서 배제되는 담론을 담론성의 장(the field of discursivity)이라고 부른다"(1985: 113). 이 인용문에서 라클라우와 무페는 두 가지 새로운 개념을 도입한다: 하나는 결절점이고 다른 하나는 담론성의 장 개념이다. 결절점(nodal points)은 예컨대 노동운동, 환경운동, 여성운동, 계급투쟁, 외국인 노동자 인권운동 같은 여러 가지 시민운동이 이질적이기 때문에 하나의 전체로 통합되기 어려운 것 같으나, 노동운동은 계층 간 평등을 추구하는 운동이고, 환경운동은 오염되지 않은 자연환경을 다음 세대도 향유해야 한다는 세대 간 평등운동이고, 여성운동은 남녀 간의 평등운동이고, 외국인 노동자 인권운동도 내국인과 외국인의 평등운동이기 때문에 평등을 매듭으로 이들 이질적 시민운동을 접합시킬 수 있다. 이러한 접합의 과정을 가능하게 하는 매듭을 결절점(nodal points) 혹은 특권적 기표라고도 부른다.

이렇게 보면, 민주주의, 신세대, 외국인 노동자 같은 것도 모두 이질적 요소를 일시적으로 접합시키는 결절점이 될 수 있고, 결절점과 접합을 통해서 민주적 담론, 신세대 담론, 이방인의 담론 같은 것이 형성되는 것이다.

담론성의 장(the field of discursivity)은 예컨대, 국제올림픽위원회가 올림픽 참가 자격과 준비에 관한 정보를 국가 중심으로 제공하는 과정에서 본의 아니게 난민이나 무국적자들의 참가 가능성을 배제하는 것이다. 또 다른 사례로, 유교적 전통이 강한 가문에서 어린아이들 중에서도 주로 남자아이들을 대상으로 큰 희망을 가져야 한다고 하면, 이러한 남성 중심적 담론이 어린이는 큰 희망을 품어야 한다는 규범적 기대에서 여자 어린이들은 배제되는 것처럼, 어떤 담론이 배제하는 모든 의미를 담론성의 장이라고 한다. 알고 보면, 개념은 어려울 것 없는데, 라클라우와 무페가 사용하는 용어들 중에서도 담론성의 장(the field of discursivity) 개념은 불필요하게 난해한 것 같다. 라클라우와 무페에서 담론성의 장이라는 용어가 나올 때는 이를 푸코가 말하는 담론 고유의 배제의 원칙으로 생각하면 어렵지 않을 것이다.

정신분석학자인 라캉은 무의식과 그 징후를 기의와 기표라고도 부른다. 우리가 아무리 많은 꿈의 영상(dream image)을 본다고 해도 꿈의 영상과 같은 징후만으로는 무의식의 내용을 파악할 수 없다. 이를 기호학적으로 표현하면 아무리 많은 기표를 동원해도 그 기의를 드러낼 수 없는 것이다. 역사적 시대마다 달라지는 푸코의 담론이론이나 데리다의 차연 개념도 궁극적 근원의 결정불가능성을 강조하는 점에서 라캉의 관점과

제7장 라클라우와 무페의 담론이론

다르지 않다. 정신분석뿐만 아니라 다른 모든 영역에서도 언어가 실재를 여실히 재현할 수는 없다. 원래 기표는 기의를 전달하는 수단인데 기표가 기의를 드러내지 못하는 현상을 라캉은 텅빈 기표(empty signifier) 혹은 부유하는 기표(floating signifier)라고 부른다. 텅빈 기표는 기의가 없는 기표를 뜻하고, 부유하는 기표는 기표가 기의를 재현하지 못하고 끊임없이 다른 기표로 떠돌아다니는 현상을 뜻하기 때문에, 텅빈 기표나 부유하는 기표는 모두 현상은 있으나 본질(essence)은 알 수 없다는 것을 뜻한다. 라클라우와 무페가 볼 때, "실재는 실재 그 자체가 아니라, 담론이 만들어 낸 산물이다"(Mackillop, 2018: 189; Townshend, 2004: 270).

라클라우와 무페의 담론이론의 출발점은 모든 자연현상, 사회현상, 인간현상, 가릴 것 없이 모든 것은 담론을 통해서 의미를 획득한다는 명제이다. 담론 없이는 자연도 없다는 뜻이 아니라, 자연도 담론을 통해서 의미를 갖는다는 것이고, 라클라우와 무페는 결코 고정된 의미나 안정된 의미는 없다고 본다. 자연을 나타내는 언어가 자연 그 자체를 여실히 나타내는 것은 아니라는 주장은 구조주의와 포스트구조주의의 공통된 입장이고, 언어체계 안에서 고정된 의미가 가능하다는 것은 구조주의적 관점이고, 언어체계 안에서도 고정된 의미가 불가능하다는 것은 포스트구조주의적 관점이다. 따라서 포스트구조주의적 관점에서 보면, 기표는 언어체계 안이든 밖이든 그 기의를 여실히 재현할 수 없고, 끝없이 부유하는 기표(floating signifiers)일 뿐이다(Laclau & Mouffe, 1985: 112).

4
접합과 지배 내 구조

라클라우와 무페는 정통마르크스주의가 강조하는 경제결정론과 근원주의적 총체성 이론을 전면적으로 부정한다. 이는 라클라우와 무페가 사회정의와 평등에 대한 마르크스의 확고한 이념에 공감하면서도 데리다, 라캉, 푸코 같은 포스트구조주의자들의 반근원주의적 사상과 결정 불가능성, 차연 같은 철학에도 강한 공감을 갖기 때문이다. 그러나 사회구성의 궁극적 근원이나 중심 같은 것이 전혀 없다고 하면, 어떻게 사회가 구성될 수 있는가라는 의문이 제기된다. 『헤게모니와 사회주의 전략』(1985)에서, 라클라우와 무페는 궁극적 근원 없이도 사회나 공동체가 가능한 원리를 설명하기 위해 '접합'이라는 개념과 '결절점'이라는 새로운 개념을 도입한다(1985: 105-112).

다시 말해서, 경제결정론(economic determinism)은 경제적 생산양식이 사회구성의 가장 중요한 실질적 토대이고, 경제 이외의 정치·종교·교육 등 문화적 상부구조는 경제적 토대에 의해 결정된다는 것으로, 이를 결정론적 구조(deterministic structure)라고 부른다. 접합(articulation)은 뼈와 뼈를 연결하는 관절(articulate 혹은 joint)처럼, 관절을 통해서 부분부분의 뼈가 각기 독립적으로 존재하면서 공존하는 관계를 이루는 것을 말한다. 사회를 이루는 요소들이 인체의 관절처럼 각기 그 고유의 특성을 갖는 결정적, 지배적 그리고 종속적 층위로 구조화된 전체를 지배 내 구조(structure in domination)라 하고, 이는 결정론적 구조에 대립되는 개념이다.

지배 내 구조를 이루는 요소들 간의 복합적 관계는 기계적 결정이나 본질의 표현이 아니라 접합(articulation)을 통해서 이루어진다. 여기서 접합이라고 하는 것은 구조적 총체성을 이루는 구성요소들 간의 관계가 일방적인 규정관계가 아니라, 인체의 관절처럼 전체 내에서 일종의 분절화이며 구성요소들이 각기 상대적 자율성을 유지하면서도 독특하게 공존하는 관계를 뜻한다. 사회를 형성하는 다양한 제도와 문화는 고유한 특성을 갖게 되는데 이는 각기 다른 역사와 발전의 리듬이 불균등하게 발전한 결과라고 할 수 있다. 예컨대 고대의 노예제 생산양식하에서는 도시국가의 정치가, 중세의 봉건적 생산양식하에서는 종교가, 그리고 근대의 초기 자본주의적 생산양식하에서는 제도교육이 각기 그 시대의 생산양식을 정당화하는 지배적 이데올로기 기능을 수행한다는 것이다. 그러나 어느 시대에 어떤 제도 영역이 지배적 기능을 수행하는가를 결정하는 최종적 층위는 경제적 생산양식이다.

예컨대 중세시대는 종교가 그 시대의 봉건적 생산양식을 이데올로기적으로 정당화하는 지배적 기능을 수행하고, 상부구조 중 종교 이외의 다른 제도 영역은 종속적 기능을 수행한다. 그리고 중세시대에 종교가

지배적 기능을 수행하도록 최종적으로 결정하는 기능은 경제적 생산양식이라는 것이다. 결국 사회구성의 결정적 층위, 지배적 층위 및 종속적 층위를 구분한 것이다. 이는 경제적 토대가 사회 전체를 획일적으로 결정한다고 보던 경제적 결정적 구조(deterministic structure)가 아니라 지배 내 구조(structure in domination)로 파악한다는 것이다.

근본적 민주주의

근본적 민주주의(radical democracy)의 실현 가능성 문제는 라클라우와 무페가 그들의 공저 『헤게모니와 사회주의 전략(*Hegemony of Socialist Strategy: HSS*)』(2001/1985)의 마지막 장인 4장에서 집중적으로 논의한다. 근본적 민주주의란 무엇인가? 민주주의의 두 가지 핵심적 가치는 자유와 평등이다. 일반적으로 우리는 자유와 평등이 민주주의의 양대 이념이라고 생각한다. 그러나 자유의 이념과 평등의 이념은 공존하기 어려운 이념이다. 자유와 평등을 이념적으로 이야기하는 것은 쉬운 일이지만, 자유와 평등의 이념을 구체적 제도 속에 구현하기는 매우 어렵기 때문이다. 자유의 요구(liberty claims)가 극단화되면 평등 이념은 훼손될 수밖에 없고, 평등의 요구(equality claims)가 극단화되면 자유 이념이 훼손될 수밖에 없기 때문이다. 따라서 민주주의의 두 가지 이념인 자유와 평등은 결코 공존하기 어려운 적대적 이념이라고 볼 수 있다(Mouffe, 2000).

그러나 라클라우와 무페가 보기에는 자유의 이념과 평등 이념 간의 이러한 갈등과 긴장은 치명적인 것이 아니라, 근본적 민주주의를 위한 중요한 자원이다(Smith, 1998: 9). 문제는 이념만으로는 아무 것도 바꿀 수 없는 것이다. 자유와 평등이라는 민주적 이념이나 민주적 담론은 어떤 구체적 제도 속에 구현되기 전에는 지배종속관계를 가로막는 효과를 발휘할 수 없는 것이다. 라클라우와 무페에 따르면, 민주주의 최초의 의미 있는 변화는 18세기 말 프랑스혁명에서 나타났다. 프랑스혁명 당시, 인권선언(Declaration of the Rights of Man)이 상징하는 구체제와의 단절은 인간의 기본권을 침해하는 모든 불평등은 더 이상 정당화할 수 없고 수용할 수 없는 억압이라고 생각하도록 의식화시키는 담론적 조건(discursive conditions)을 제공한 것이다(Laclau & Mouffe, 1985: 155).

민주적 혁명의 전복적 효과에 관한 라클라우와 무페의 입장은 종속관계와 억압관계를 구별하는 그들의 관점에서 분명하다. 종속관계든 억압관계든 두 가지 관계 모두 강자와 약자 간의 지배종속이 작동되는 관계이지만 그 역동에는 엄연한 차이가 있다. 종속관계(relations of subordination)의 경우, 종속된 자는 지배자의 의지에 예속되지만, 지배자가 종속자 자신의 자아실현을 가로막는 사람이라는 사실을 모르는 경우가 많다. 그러나 억압관계(relations of oppression)의 경우는 사정이 다르다. 억압관계에서도 종속된 자는 지배자의 의지에 예속되지만, 지배자가 종속자 자신의 자아실현을 가로막는 사람이라는 사실을 알기 때문에, 억압관계는 대체로 적대적 관계(antagonistic relation)로 인식되는 것이다(Smith, 1998: 8). 종속관계를 억압관계로 파악하는 관점의 변화는 타자가 나의 자아실현을 가로막는다는 사실을 모르다가 알게 되는 변화이기 때문에 엄청난 변화라 할 수 있다. 이러한 관점의 변화가 전복적 효과(subversive effect)를 나타낼 수 있는 계기가 된다.

예컨대 라클라우와 무페가 볼 때, 여성은 오랫 동안 남성의 권위에 종속되어 왔으나, 남성의 권위에 저항하는 여성운동에 참여하는 과정에서, 남성에 대한 여성의 종속관계가 사실은 여성의 자아실현을 가로막는 억압관계로 인식된다는 것이다(2001: 153). 다시 말해서, 여성이 남성에게 오랫 동안 종속되었다고 해서 종속 그 자체가 저항을 가능하게 하는 것이 아니라, 남녀평등을 갈구하는 민주적 요구에 입각한 일련의 여성운동(feminist movement)이 전개될 때 비로소 남성에 대한 여성의 종속관계가 억압의 관계로 전환되고, 이는 곧 적대적 관계로 인식된다는 것이다.

근본적 민주주의 사회를 지향하는 또 다른 사례로 라클라우와 무페는 노동운동을 예시한다. 여기서 노동자계급의 투쟁(workers' struggles)은 1917년 러시아혁명에 자극받은 유럽 노동자들이 서구자본주의 사회에서도 사회주의 혁명이 성공할 수 있다는 확신을 가지고 자본주의 체제 전체를 타도하려는 그런 투쟁이 아니고, 자본주의 체제하에서 보다 유리한 노동조건을 요구하는 한정된 개선을 위한 투쟁이고, 60년대 말 프랑스와 이탈리아에 출현한 이러한 노동운동을 라클라우와 무페는 "새로운 노동자 투쟁(New workers' struggles)"이라고 부른다(2001: 167). 라클라우와 무페가 보기에 자본가에 대한 노동자의 종속경험 그 자체만으로는 종속에 대한 적대감을 갖게 되는 것이 아니라, 노동자들이 설득력 있는 정치적 담론(compelling political discourse)에 접하게 될 때 비로소 급진적으로 행동할 수 있다는 것이다(Smith, 1998: 8).

결국 라클라우와 무페가 근본적 민주주의라고 하는 것은 이념적 차원과 현실적 차원으로 구분해서 요약할 수 있다. 이념적 차원의 경우, 자유의 요구가 극단화되면 평등 이념은 훼손될 수밖에 없고, 평등의 요구가 극단화되면 자유 이념이 훼손될 수밖에 없기 때문에, 민주주의가 자유를 우선시하는 자유민주주의와 평등을 우선시하는 사회주의로 나누어졌다. 따라서 자유민주주의는 여러 영역에서 평등 이념을 확충할 때 근본적 민주주의 사회에 점진적으로 수렴해 갈 수 있을 것이다. 현실적 차원에서 보면, 평등을 갈구하는 자유민주주의적 요구에 입각한 여성 인권운동, 인종차별 반대운동, 환경보존운동, 외국인 노동자 인권운동, 성소수자 인권운동 등 다양한 "신사회운동"(Laclau & Mouffe, 2001: 159)을 통해서 사회 모든 영역으로 평등 이념이 확산되고 결국 근본적 민주주의에 점진적으로 수렴할 수 있을 것이다. "권력이 있는 곳에 항상 저항이 있다"는 푸코의 말을 인용하면서도(Laclau & Mouffe, 2001: 152), 라클라우와 무페는 종속관계를 끝낼 수 있는 정치적 저항이 필요하고, 이는 집단적 행동을 가능하게 하는 정치적 담론의 결과로 본다.

『헤게모니와 사회주의 전략(*Hegemony of Socialist Strategy: HSS*)』(2001/1985) 이후에, 라클라우와 무페는 각기 자신의 관심 분야를 독자적으로 추구해갔다. 라클라우는 HSS에서 공동으로 추구했던 방향을 계속 탐구했고, 무페는 민주주의에 대한 독자적 연구를 개척해 나갔다(Townshend, 2004: 275). 『정치에 관하여(*On the Political*)』(2005)에서 무페의 주장에 따르면, 참된 민주주의의 과제는 적(enemy)과 경쟁자(adversary)를 구별하고, 안타고니즘(antagonism)을 아고니즘(agonism)으로 전환하는 데 있다는 것이다. 민주주의가 제대로 작동되기 위해서는 우선 정치가들이 '경쟁자'와 '적'을 구별해야 한다. 경쟁자(adversary)는 내가 꼭 이기고 싶은 사람이고, 적(enemy)은 내가 꼭 파괴해야 할 사람이다. 안타고니즘(antagonism)은 "우리와 그들"의 관계(we/they relation)를 적대적 관계로 생각하고, 아고니즘(agonism)은 "우리와 그들"의 관계(we/they relation)를 경쟁적 관계로 생각한다. 진정한 민주주의로 발전하기 위해서는 적대 관계를 경쟁 관계로 파악하는 관점의 전환이 필요하다는 것이다(Mouffe, 2005: 20-21).

오스틴과 설의 화행이론

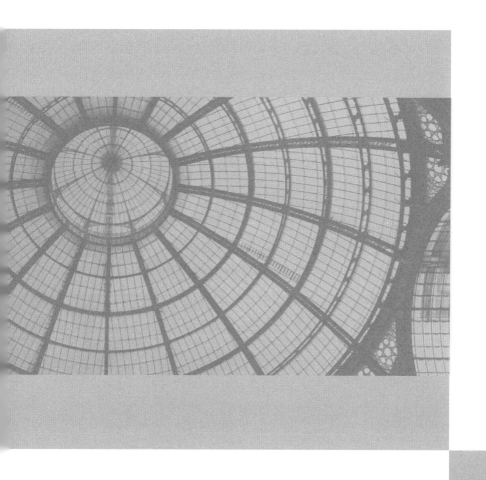

1
언어행위이론

언어행위이론 혹은 화행이론(speech act theory)은 영국 옥스퍼드대학의 언어철학자 오스틴(John L. Austin, 1911~1960)이 진위를 가리는 것만 중요시 하던 실증주의적 언어철학에서 벗어나 일상언어의 행위 측면을 부각시 킨 저서 『말을 가지고 어떻게 행위를 수행하는가(*How to do things with words*)』 (1962)를 출판한 것이 그 효시라 할 수 있다. 당시의 언어철학은 경험적 검증을 통해서 명제의 옳고 그름을 따지거나, 아니면 사실과 가치를 가리는 데 치중하였다. 논리실증주의나 비트겐슈타인의 언어 그림 이론도 명제의 진위 혹은 사실/가치를 가리는 데 치중한 언어철학이었다. 오스틴은 우리가 "참/거짓이라는 우상(true/false fetish)"과 "사실/가치라는 우상 (fact/value fetish)" 등 두 가지 전통적 우상을 극복할 때 비로소 일상언어의 생동감도 인정할 수 있게 된다고 주장한다(Austin, 1962: 150). 그래서 오스틴은 우선 진위로 나눌 수 있는 서술적 발화(constative utterances)와 진위로 나눌 수 없고 적절성 여부로 판단하는 수행적 발화(performative utterances)를 구별한다.

예컨대, "그는 달리고 있다"거나 "비가 내린다" 같은 문장은 참과 거짓으로 그 의미를 판단할 수 있는 진리 평가적(truth-evaluable) 문장이다. 그러나 "I promise to do the dishes" 같은 문장은 진리 평가적 문장이 아니다. 설거지할 의도가 없이 이러한 약속을 하거나, 약속을 지키지 않았을 경우에 이 발화는 거짓이라기보다 적절하지 않은 발화인 것이다. 서술적 발화는 "그는 달리고 있다"와 같이 진위를 가릴 수 있는 발화이고, 수행적 발화는 무엇을 약속하거나, 충고하거나, 칭찬하거나, 사과하거나, 요청하는 발화처럼 진위로 가릴 수 있는 것이 아니라, 적절성(felicity) 여부로 판단되는 발화를 뜻한다. 전자가 어떤 것을 말하는(saying something) 경우라면, 후자는 어떤 것을 행하는(doing something) 경우라 할 수 있다.

오스틴(Austin)은 'speech' 그 자체를 일종의 행위(action)라고 주장하는 화행이론의 창시자로 유명하다. 그는 『말을 가지고 어떻게 행위를 수행하는가』에서, 참과 거짓으로 가릴 수 없는 모든 명제는 옳다고 할 수도 없고 틀렸다고 할 수도 없는 무의미한 표현이라고 주장해온 당시의 논리 실증주의적 편견을 비판한다. 발화에는 진위로 판단할 수 있는 서술적 발화(constative utterance)도 있고, 진위로 판단할 수는 없지만 적절성 여부로 판단하는 수행적 발화(performative utterance)도 있기 때문이다. 그래서 오스틴의 화행이론이 처음에는 서술적 발화와 수행적 발화의 이분법으로 출발했다. 여기서 서술적 발화를 진술적 발화로, 수행적 발화를 이행적 발화로 번역하는 경우도 있다.

그러나 서술적 발화와 수행적 발화를 구별할 수 있으나, 엄밀한 수준

제8장 오스틴과 설의 화행이론

에서 보면 구별이 어려운 경우가 많다. 예컨대, 경고(warnings)를 알리는 어떤 수행적 발화는 진위로 평가되는 서술적 발화로 볼 수도 있고, "All John's children are asleep" 같은 서술적 발화는 만약 John이 아이가 없다는 사실이 확인되면 적절성 여부로 판단될 수도 있기 때문이다. 따라서 발화를 서술적 발화와 수행적 발화로 구분하는 것이 쉬운 일은 아니다 (Austin, 1962:52; 94). 그래서 처음에는 서술적 발화와 수행적 발화의 이분법으로 시작한 오스틴이 『말을 가지고 어떻게 행위를 수행하는가(*How to do Things with Words*)』(1962)의 후반부에서는 서술발화와 수행발화를 구분하지 않고, 모든 발화를 발화행위, 발화수반행위 및 발화효과행위로 구분하는 삼분법으로 전환하였다(1962: 149).

2
발화수반행위

오스틴(Austin)은 서술발화와 수행발화를 구별하던 종래의 이분법을 버리고, 이제 언어를 모두 행위로 규정하고, 화행을 발화행위, 발화수반행위, 발화효과행위의 삼분법(trichotomy)으로 파악하는 새로운 화행이론을 체계화한다. 오스틴의 화행이론이 강조하는 핵심적 주장은 "어떤 것을 말하는 것은 항상 어떤 것을 행하는 것과 같다(to say something is to do something)"는 것이고(1962: 12), 그래서 "발화행위를 수행하는 것 그 자체가 곧 발화수반행위를 수행하는 것과 같다"(1962: 98)는 것이다.

발화행위는 발화수반행위에 내포된다는 것이다. 한편, 발화효과행위는 발화로 인해 청자의 생각에 미친 영향과 관련된 개념이나, 청자의 생각에 나타난 영향은 주관적이기 때문에, 화행이론에서 중요하게 다루기 어렵다. 따라서 발화행위, 발화수반행위, 발화효과행위 중 가장 중요한 화행은 발화수반행위(illocutionary act)라 할 수 있다. 그러나 발화수반행위의 특징을 정확히 이해하기 위해서 우선 세 가지 화행의 특징을 차례로 검토할 필요가 있다.

1) 발화행위(locutionary act)

발화행위는 의미 있는 언어를 표현 혹은 발화하는 행위를 뜻한다. 의미 있는 발화를 생산하는 것은 결국 의사소통을 위한 것이기 때문에, 만약 청자가 화자의 말을 알아듣지 못하면, 화자의 발화행위(locutionary act)는 실패한 것이다. Locution은 발화를 뜻한다. 발화행위를 세분화하면, 듣는 사람이 알아들을 수 있도록 소리 내는 음성적 행위(phonetic act), 문법적 규칙에 맞게 단어를 발화하는 행위(phatic act), 뚜렷한 의미를 나타내는 의미 행위(rhetic act)로 구분할 수 있다. 발화행위를 의미 있는 언어표현이라고 할 때, "의미"를 "지시와 뜻"이라고도 부른다. 지시(reference)와 뜻(sense)를 구별한다. 예컨대, "Barack Obama is at his office"라는 표현에서, 'Obama'의 지시체는 우리가 아는 특정 인물이고, 'his office'의 지시체는 그의 사무실을 지칭한다. 그러나 우리는 동일한 대상인 'Obama'가 경우에 따라서는 'Michelle'의 남편을 뜻하기도 하고, 미국의 44대 대통령을 뜻하기도 하고, 때로는 보기 드문 명연설가로 생각할 수도 있다. 이와 같이 지시(reference)는 언어가 지칭하는 대상이고, 뜻(sense)은 같은 대상을 지시하는 다른 방식이다. 결국, 발화행위(locutionary act)는 뜻과 지시를 가진 문장을 발화하는 행위라고 정의할 수도 있고, 의미 있는 문장을 발화하는 행위라고 정의할 수도 있다.

2) 발화수반행위(illocutionary act)

의미 있는 언어표현을 사용하는 발화행위에 수반하여, 화자가 발화를 통해 수행하려고 의도하는 행위를 발화수반행위(illocutionary act)라고 부른다. 발화수반행위는 의미를 전달하는 발화행위와 함께 나타나는 약속, 명령, 요청, 충고, 거절, 칭찬 같은 화행을 뜻한다. 발화수반행위는 이러한 화행 고유의 설득력(persuasive force) 때문에 사회적 상호작용에 영향을 미치는 행위라 할 수 있다. 오스틴은 의미를 가진 문장의 발화와 발화 수반력(illocutionary force)을 가진 문장의 발화를 구별한다. 종래의 언어철학은 있는 그대로의 문장의 의미(literal meaning of a sentence)와 그 문장의 발화를 통해 의도한 힘(intended force of its utterance)의 차이를 간과했으나, 오스틴은 전자와 후자의 엄연한 차이를 구별해야 한다는 것이다(1962: 100). 요컨대, 발화행위(locutionary act)는 어떤 의미(meaning)를 가진 문장을 발화하는 행위를 뜻하고, 발화수반행위(illocutionary act)는 의미를 가진 문장을 발화하는 가운데, 화자가 발화를 통해 수행하려고 의도(intention)하는 행위를 뜻한다.

3) 발화효과행위(perlocutionary act)

발화행위(locutionary act)는 의미를 가진 문장을 발화하는 행위이고, 발화수반행위는 발화를 통해 화자가 수행하려고 의도한 힘을 가진 행위였으나, 발화효과행위(perlocutionary act)는 발화로 인해 청자의 생각이나 행동에 미친 영향으로 인해 나타난 행동을 지칭한다(Austin, 1962: 120). 예컨

대, "He persuaded me to shoot her" 같은 문장은 발화효과행위를 나타낸
다(Austin, 1962: 101). 그러나 어떤 화행이 듣는 사람의 생각과 감정에 미친
영향은 극히 주관적인 현상이기 때문에 화행이론에서 체계적으로 다루
기 어려운 점도 많다.

　따라서 오스틴의 화행이론은 주로 발화행위(locutionary act)와 발화수반
행위(illocutionary act)의 분석에 치중한다. 그래서 엘리스(Ellis)도 화행(speech
act)은 발화행위와 발화수반행위를 수행하는 발화라고 정의한 것이다
(1994: 724). 그러나 발화행위(locutionary act)는 의미를 가진 문장을 발화하
는 행위를 뜻하고, 발화수반행위(illocutionary act)는 의미를 가진 문장을 발
화하는 과정에서 화자가 의도한 힘(intended force)을 행사하는 화행이기 때
문에, 발화수반행위가 발화행위를 내포한다는 것이다(Austin, 1962: 99). 그
래서 결국, 화행에 발화행위, 발화수반행위, 발화효과행위 등 세 가지 유
형이 있다고 해도 중요한 것은 발화수반행위뿐이다. 그래서 화행 중 오
스틴이 관심을 기울인 초점은 발화수반행위(illocutionary act)이고, 일반적
으로 화행이라고 하는 것은 바로 발화수반행위를 뜻한다(Austin, 1962: 103;
Levinson, 1983:236). 설(Searle)도 「화행이란 무엇인가(What is a speech act?)」라는
제목의 논문에서 일상적 의사소통의 기본단위는 발화행위가 아니고 발
화수반행위라는 사실을 강조하였다(1971a: 39).

3

오스틴과 설의 화행 분류

1) 오스틴의 화행 분류

오스틴(Austin)은 발화수반행위(illocutionary act) 혹은 화행(speech act)을 다섯 가지로 분류한다.

① 발견한 사실을 알리는 데 사용되는 판단발화(verdictives)

② 어떤 일에 대한 찬성 혹은 반대의 영향력을 행사하는 데 사용되는 행사발화(exercitives)

③ 어떤 일을 하기로 약속(promising)하거나 착수(undertaking)하는 데 사용되는 언약발화(commissives)

④ 타인의 행동과 운(fortunes)에 대하여 축하하거나, 칭찬하거나, 동정하거나, 비난하는 데 사용되는 행태발화(behabitives)

⑤ 자세히 설명하거나 해설하는 데 사용되는 설명발화(expositives)

이상 모두 다섯 가지 발화수반행위로 분류한다. 매우 다양한 화행을 몇 가지 범주로 유형화해서 분류하기는 쉬운 일은 아니다. 그래서 오스틴은 화행을 다섯 가지 범주로 분류하면서, 이러한 분류는 결코 완벽한 것이 아니라, 앞으로 더 정교한 분류학을 개발하기 위한 논의의 실마리가 되기를 기대하면서 매우 잠정적인 분류라고 시인하였다. 특히 ④ 행태화행과 ⑤ 설명화행은 그 분류 기준이 애매하기 때문에 문제가 많고, 그래서 앞으로 더 정교한 분류학이 개발되기를 바란다고 밝혔다. 오스틴은 이 분류가 매우 부족함에도 불구하고, 그동안 언어철학의 발전을 가로막아온 "참/거짓이라는 우상(true/false fetish)"과 "사실/가치라는 우상(value/fact fetish)"을 파괴하는 데 조금이라도 기여할 수 있기를 희망하였다 (1962: 150).

① 판단화행(verdictives)은 배심원(jury), 중재인(arbitrator), 혹은 야구의 심판(umpire) 같은 사람이 판단을 내리는 화행이다. 그러나 판단이 추정에 근거한 것일 수도 있기 때문에 완벽할 수는 없다. 판단발화는 기본적으로 발견한 어떤 것을 알려주는 것이다(Austin, 1962 : 150). 어떤 이유나 근거를 가지고 발견한 것을 알려주는 동사로 획득하다 (acquit), 지탱하다(hold), 계산하다(calculate), 기술하다(describe), 분석하다(analyze), 추정하다(estimate), 평가하다(assess), 특징짓다(character-ize) 등이 이 범주에 해당되는 사례들이다(Searle, 1976 : 7).

② 행사화행(exercitives)은 어떤 일에 대한 찬성 혹은 반대의 영향력을 행

사하는 화행이다. 예컨대, 임명(appointing)하거나, 투표(voting)하거나, 명령(ordering)하거나, 촉구(urging)하거나 혹은 경고(warning)하는 등의 방법으로 찬성 혹은 반대에 영향력을 행사하는 화행이다(Austin, 1962 : 150). 정하다(appoint), 버리다(dismiss), 지명하다(nominate), 거부하다(veto), 알리다(announce), 경고하다(warn), 선포하다(proclaim), 주다(give) 등이 이 범주에 속한다. 설(Searle)에 따르면, 요청(request)도 분명히 이 범주에 속하나 오스틴은 요청을 여기에 포함시키지 않았다(1976 : 7).

③ 언약화행(commissives)은 어떤 일을 하기로 약속(promising)하거나 착수(undertaking)하는 유형의 화행이다. 언약발화는 화자로 하여금 무언가를 하도록 만든다. 그러나 언약발화에는 의도를 선언하거나 알리는 화행(declarations or announcements)도 포함된다. 이러한 화행은 약속과는 다르고, 옹호하거나 가담해서 편드는 화행이라고 볼 수도 있다. 이러한 화행은 판단발화 및 행사발화와 상당히 유사하다(Austin, 1962 : 151). 설(Searle)에 따르면, 약속(promise), 맹세(vow), 서약(pledge), 언약(covenant), 계약(contract), 보증(guarantee) 등이 이 범주에 속한다(1976 : 7).

④ 행태화행(behabitives)은 타인의 행동과 운(fortunes)에 대한 화자의 반응 개념이다. 다른 사람의 지나간 행동이나 임박한 행동에 대한 태도의 표현을 뜻한다. 예컨대, 사과하거나, 축하하거나, 칭찬하거나, 애도하거나, 저주하거나, 동정하거나, 비난하는 행동 등 매우 다양한 화

행을 하나의 범주로 묶은 것이다(Austin, 1962 : 151-159). 사과하
다(apologize), 감사하다(thank), 비난하다(deplore), 동정하다(commis-
erate), 축하하다(congratulate), 행운을 빌다(felicitate), 환영하다(wel-
come), 저주하다(curse), 비판하다(criticize) 등이 행태화행에 속한다.

⑤ 설명화행(expositives)은 견해를 자세히 설명(expounding)하면서 해설
하는 화행이고, 논증을 수행하고, 용도와 지시체를 분명히 하는 화행
이다. 예컨대, 긍정하다(affirm), 부정하다(deny), 강조하다(emphasize),
설명하다(illustrate), 답변하다(answer), 보고하다(report), 수용하다(ac-
cept), 반대하다(object to), 양보하다(concede), 기술하다(describe), 분
류하다(class), 확인하다(identify), 전화하다(call) 등의 화행이 이 부류에
속한다.

2) 설의 화행 분류

설(Searle)도 우리의 일상적 언어행위 혹은 화행(speech act)을 발화수반행
위(illocutionary act)와 같은 뜻으로 사용한다. 그는 발화수반행위를 커뮤니
케이션의 기본단위라고 생각할 정도로 발화수반행위를 중요시한다. 발
화수반행위 혹은 화행에 대한 오스틴의 분류의 기준이 너무 애매하다고
비판하고, 그래서 '기술하다(describe)' 같은 화행은 판단화행(verdictives)과
설명화행(expositives)에 중복으로 분류되어 있다. 그뿐만 아니라, 오스틴은
화행 분류의 기준으로 발화수반력(illocutionary force)만 사용했으나, 설은 최
소한 세 가지 준거를 사용한다. 첫째 준거는 발화수반적 요점(illocutionary

point)으로, 이는 오스틴의 발화수반력과 거의 같은 개념이다. 둘째 준거는 맞추기의 방향(direction of fit)으로 언어가 세계를 맞추든지 세계가 언어에 맞추는 경우를 뜻한다. 셋째 준거는 화자의 표현된 심리상태(expressed psychological state)를 기준으로 삼는 것이다. 이러한 준거에 입각하여 설은「발화수반행위의 분류(Classification of Illocutionary Acts)」(1976)라는 자신의 논문에서, 화행을 ① 진술화행, ② 지시화행, ③ 약속화행, ④ 표현화행, ⑤ 선언화행 등 5가지 화행으로 유형화한다.

① 진술화행(representatives)은 무엇을 단언하고(assertions), 진술하고(statements), 가정하고(hypotheses), 주장하고(claims), 기술하고(description), 암시하는(suggestion) 화행이 이 범주에 속한다. 화자의 의도는 자신이 믿는 것을 주장하는 것이다. 예컨대, "No one makes a better cake than me." 진술화행 중에 단언(assertions) 같은 화행은 주관적인 심리상태 특히 화자의 신념을 주장하는 경우도 있다.

② 지시화행(directives)은 명령하고(commands), 요청하고(requests), 도전하고(challenges), 초청하고(invitations), 소환하고(summons), 간청하는(entreaties) 화행이 이 범주에 속한다. 예컨대, "Shut the door", "Could you close the window?"

③ 언약화행(comissives)은 약속하고(promises), 맹세하고(oaths), 서약하고(pledges), 위협하는(threats) 행위들이 이 범주에 속한다. 예컨대, "I'll meet you at the library at 10 : 00 p.m.", "I'm going to Paris tomorrow".

④ 표현화행(expressives)은 사과하고(apologies), 불평하고(complaint), 감사하고(thanks), 축하하고(congratulates), 인사하는(greetings) 화행 등이 이 범주에 속한다. 예컨대, "I'm sorry for calling you a dweeb", "I'm sorry that I lied to you".

⑤ 선언화행(declaratives)은 해고하고(firing), 축복하고(blessing), 선고하고(sentencing), 선언하는(declaring) 화행 등이 이 범주에 속한다. 예컨대, "You're out" uttered by an umpire(tːavks) at a baseball game.

4
발화수반력과 명제내용

화행이론(speech act theory)에서는, "어떤 의미(a certain meaning)를 가진 문장을 발화하는 것을 발화행위(locutionary act)"라 하고, "어떤 힘(a certain force)을 가진 문장을 발화하는 것을 발화수반행위(illocutionary act)"라고 한다 (Austin, 1962: 120; Searle, 1968: 406-407). 이는 우리가 언어를 사용할 때는 여러 가지 행위를 동시에 수행한다는 것을 뜻한다. 한편으로는 화자가 뜻과 지시체(sense and reference)를 가진 문장, 즉 의미를 가진 문장을 생산하는 발화행위(locutionary act)를 수행하고, 다른 한편으로는 이러한 발화행위를 수행하면서 동시에 발화수반력을 가진 발화수반행위(illocutionary act)를 수행한다는 것이다. 아래의 세 가지 예문을 비교해 보자.

(예문 1) John takes the bus.　　　Declarative sentence　　　Assertion

(예문 2) Does John take the bus?　Interrogative sentence　　Question

(예문 3) John, take the bus!　　　Imperative sentence　　　Command

위의 (예문 1), (예문 2), (예문 3)은 차례로 평서문(declarative), 의문문(interrogative), 명령문(Imperative)의 문장형식을 갖춘 것이고, 각기 주장, 질문, 명령의 화행 유형에 해당된다. 세 가지 예문의 문장형식(sentence type)은 서로 다르지만, 세 문장 모두 그 의미내용 혹은 명제내용(propositional content)은 동일하다. "존(John)이 버스를 탄다"는 같은 명제내용이기 때문이다. 화행이론에서, 화자의 의도를 발화수반력(illocutionary force)이라고 부르고, 이를 발화수반적 기능(illocutionary function) 혹은 발화수반적 요점(illocutionary point)이라고도 한다.

발화수반력은 명제내용과는 무관하고 선택된 문장의 형식에 따라 결정된다. 문장형식의 선택은 화자의 의도(intention)에 따라 결정되면서도, 경우에 따라서는 상황과 맥락(context)이 특정 형식을 결정할 수도 있다. 위의 (예문 1), (예문 2), (예문 3)은 모두 명제의 의미는 동일하다. 그러나 발화수반력은 모두 다르다. 대부분의 맥락에서, (예문 1)의 발화에 수반되는 힘은 주장(assertion)의 힘이고, (예문 2)의 발화에 수반되는 힘은 의문(question)의 힘이고, (예문 3)의 발화에 수반되는 힘은 명령(command)하는 힘이다. 어떤 문장의 발화에 수반된 화자의 의도 혹은 발화수반력을 청자가 어떻게 인식할 수 있는가?

발화에 수반된 힘 혹은 발화수반력(illocutionary force)을 청자가 정확하게 이해할 수 있도록 돕는 장치를 발화수반력 표시장치(illocutionary force indicating device: IFID)라고 부른다. 예컨대, 수행동사(performative verbs), 문장 표현방법 혹은 법(mood), 단어의 순서, 억양, 강세, 표정 같은 것들이 모두 IFID의 사례들이다. 수행동사에는 명시적(explicit) 수행동사와 암시적(implicit/primary) 수행동사가 있다(Austin, 1962: 69). 명시적 수행동사는 발화에 수반된 힘을 청자가 오해할 가능성을 제거하는 원리라 할 수 있다(Alvarez, 2005: 699).

(예문 4) I order you to leave.

(예문 5) Will you leave?

(예문 4)에서는 화자가 명시적 수행동사(order)를 사용함으로써 청자가 화자의 의도를 오해할 가능성을 완전히 제거하였다. 메시지가 분명하기 때문이다. 그러나 (예문 5)의 메시지는 두 가지로 해석될 수 있는 애매한 표현이다. (예문 5)는 yes/no question으로 해석할 수도 있고, 떠나달라는 간접적 요청 혹은 심지어 떠나라는 명령으로 해석될 수도 있다.

발화수반력 표시장치(IFID) 중에서 수행동사 못지않게 중요한 장치 혹은 요소는 문장을 표현하는 방법 혹은 법(mood)이라 할 수 있다. 문장의 대표적인 표현방법 혹은 법(sentential moods)은 평서문(declarative sentence), 의문문(interrogative sentence), 명령문(imperative sentence) 등이다. 문법에서 법(mood/modality)은 발화할 때 화자 자신의 심리적 태도의 표현이라고 볼 수 있다. 발화할 때 화자의 심리적 태도가 명령적 모드일 때와 상대편의 의견을 물어보는 질문 모드인 경우에 따라서 청자가 느끼는 화자의 의도, 즉 발화수반력이 달라지기 때문에 문장표현 방법 혹은 법이 중요한 것이다.

설(Searle)은 규제적 규칙과 구성적 규칙을 구별하면서 언어규칙은 구성적 규칙이라고 본다. 구성적 규칙(constitutive rules)은 예컨대, 미식축구에서 어떤 선수가 공을 가지고 적진의 골라인(goal line)까지 들어가면 터치다운(touchdown)이 되고 6점을 얻게 되는 규칙처럼, "X counts as Y"와 같은 비명령적 형식의 규칙이다. 이는 어떤 것이 터치다운(touchdown)인가를 정의하는 규칙이다. 다시 말해서, 구성적 규칙(constitutive rule)은 단순히 규제만 하는 것이 아니라, 새로운 행동양식을 정의하고 구성하기도 하는 규칙이다. 그래서 구성적 규칙을 정의 규칙(definition rules)이라고도 부른다.

한편, 규제적 규칙(regulative rules)은 예컨대, 식사할 때는 오른손으로 나이프를 사용해야 한다고 하는 이른바 식사 예절(eating etiquette)처럼, 규제적 규칙의 형식은 "Do X" 혹은 "If C do X" 같은 명령적 형식이다. 규제적 규칙은 규칙과 무관하게 혹은 규칙이 있기 전부터 존재했던 활동을 규제한다.

요컨대, 규제적 규칙은 규칙 출현 이전부터 존재해온 활동을 규제하는 규칙이고, 구성적 규칙은 규칙에 의하여 출현하게 된 활동을 구성하는 규칙이다. 그래서 "규제적 규칙은 규제하고(regulative rules regulate)", "구성적 규칙은 구성한다(constitutive rules constitute)"고 축약하기도 한다(Placani, 2017: 57). 따라서, "터치다운이 어떻게 6점이 되는가"라든가, "약속이 어떻게 의무감을 생성하게 되는가"를 묻는 것은 구성적 규칙을 모르기 때문이다. 이러한 물음에 대해서는 "X counts as Y"라고 답할 수밖에 없다. 언어 의미론은 일련의 구성적 규칙들로 이루어진 체계로 보아야 하고, 발화수반행위는 구성적 규칙에 따라 수행되는 행위라 할 수 있다. 설(Searle)이 보기에는 발화수반행위가 구성적 규칙에 따르는 화행이기 때문에, 규제적 규칙과 구성적 규칙을 구별하는 것은 매우 의미 있는 구분이다.

5
화행의 적절성 조건

    설(Searle)은 화행의 적절성 조건(felicity conditions)을 논의할 때, 대표적 화행(model speech act)으로 약속화행을 선택해서 설명한다(Mey, 2001: 98). 그래서 그의 목표는 약속(promising)화행의 수행에 필요한 조건(conditions)을 먼저 제시하고, 이 조건에 근거해서 약속화행의 규칙(rules)을 도출하는 데 있다. 여기서 적절성(felicity)은 약속, 사과, 명령, 거절, 요청, 사양 등 일상 언어의 타당성은 진리와 허위로 가려지는 것이 아니라, 화자나 청자 및 대화의 맥락과 여건에 비추어 그 적절성(felicity) 여부로 판단된다는 점을 강조하는 뜻이다(Austin, 1962: 14). 약속화행의 적절성 조건을 논의하기 위해 우선 두 가지 물음에 답해야 한다. 첫째로, 약속화행의 수행에 필요한 조건은 무엇인가라는 물음이고, 둘째로, 이러한 조건에 근거해서 약속화행의 규칙을 어떻게 도출하는가라는 문제에 답해야 한다.

                                           제8장 오스틴과 설의 화행이론

1) 약속화행에 필요한 조건(conditions)

어떤 조건(X)이 구비되면 그것을 약속화행으로 간주할 수 있는가("X count as Y")라는 물음, 다시 말해서, 약속화행의 수행에 필요한 조건을 설 (Searle)은 9가지로 제시한다(Mey, 2001: 99-100; 이성범, 2007: 169-178).

- 조건 ① : 필요 없는 농담이나 이상한 말(parasitic use of language) 없이, 알아들을 수 있고 이해할 수 있게 말해야 한다는 조건이다. 정상적 투입과 산출의 조건은 약속화행뿐만 아니라, 모든 화행에 공통된 조건이고, 의사소통을 가능하게 하는 매우 포괄적인 조건이다.

- 조건 ② : "책을 빌려 주겠다"거나 "어떤 일을 도와주겠다"는 표현처럼, 약속하는 명제내용을 분명하게 표현해야 한다는 조건이다. 예컨대, "I promise that I will pay your tuition next quarter"에서, I promise 는 illocutionary clause이고, that 이하는 명제적 내용(propositional content)이다. 약속화행에서 명제적 내용을 분명하게 표현해야 한다는 조건이다.

- 조건 ③ : 약속(발화)의 순간을 기준으로 약속의 내용은 미래에 화자가 할 수 있는 일이어야 한다. 과거에 일어난 것을 약속할 수 없고, 다른 사람 대신에 어떤 것도 약속할 수 없다는 조건이다.

결국, 조건 ②와 ③은 명제적 내용조건(propositional content conditions)이다.

- 조건 ④ : 화자가 약속하는 내용이 청자에게 도움이 되어야 한다는 조건이다. 약속과 위협의 결정적 차이는, 약속은 상대편이 바라는 것을 상대편을 위해(for you) 하겠다는 맹세이고, 위협은 상대편이 바라지 않는 것을 상대편에게(to you) 하겠다는 맹세이다. 따라서 상대편이 바라는 것을 상대편을 위해서 하려는 것이 약속의 조건이다.

- 조건 ⑤ : 약속의 내용이 어차피 일어나게 될 것이어서는 안 된다. 즉 나는 내일 태양이 떠오를 것이라고 약속할 수는 없다. 또 다른 사례로, 행복한 결혼생활을 하고 있는 어떤 남자가 아내에게 "다음 주에 별거하지 않겠다"고 약속한다고 하면, 이러한 약속은 아내에게 위안보다는 불안을 안겨주게 될 것이다. 요점이 빗나간 화행이기 때문이다.

결국, 조건 ④와 ⑤는 예비적 조건(preparatory conditions)이라고 한다.

- 조건 ⑥ : 약속한 사람은 약속한 행위를 실천할 수 있는 성실성이 있어야 한다는 조건이다. 약속한 것을 실천에 옮길 의도가 없다면 성실한 약속(sincere promise) 같은 것은 없다. 약속한 행위를 이행할 의도가 있어야 한다는 이러한 조건을 진실성 조건(sincerity condition)이라고 한다.

- 조건 ⑦ : 약속한 사람이 약속한 행동을 수행할 의무감을 가져야 한

제8장 오스틴과 설의 화행이론

다는 조건이다. 이는 단순히 약속을 이행할 의도(intending)를 능가할 정도로 약속한 사람이 피할 수 없는 의무감을 인식해야 한다는 조건이고, 그래서 설(Searle)의 약속의 철학에서 본질이라 할 수 있는 주춧돌과 같은 조건이다. 이와 같이 화자의 약속을 실현하려는 의무감을 약속화행의 본질적 조건(essential condition)이라고 한다.

- 조건 ⑧ : 화자는 청자에게 자신의 성실성(조건 ⑥)과 의무감(조건 ⑦)을 믿도록 노력하고, 이러한 믿음을 갖도록 하기 위해 사용된 문장이 관습적 규칙에 맞는 문장이라야 한다. 약속화행을 수행한다는 것은 화자의 의도가 중요하나, 의도된 의미가 전달될 수 있기 위해서는 언어의 관습도 중요하다는 조건이다.

- 조건 ⑨ : 마무리하는 조건(wrap-up condition)으로, 앞의 8가지 조건이 모두 충족된다는 조건하에서 화자와 청자 모두 정확하고 진지하게 대화해야 한다는 조건이다. 결국, 조건 ⑧과 ⑨는 모든 화행에 공통된 조건이다.

2) 약속화행에 필요한 규칙(rules)

위에서 우리는 약속화행을 수행하는 9가지 조건을 설정했다. 그러나 9가지 조건 중에서, 조건 ①, 조건 ⑧과 ⑨는 모든 화행에 공통된 조건이고, 조건 ②에서 조건 ⑦까지가 약속화행에 필요한 조건이었다. 그중에서 조건 ②와 ③은 명제적 내용조건이고, 조건 ④와 ⑤는 예비적 조건, 조건 ⑥은 성실성 조건, 조건 ⑦은 본질적 조건이다.

앞에서 본 것처럼, "I assert that John will leave the room"이라는 문장과 "I ask whether John will leave the room"이라는 문장에서, 공통된 내용인 "John will leave the room"은 명제적 내용(propositional content)이고, "I assert that p~", "I ask whether p~"는 발화수반력을 나타내는 장치(Illocutionary Force Indicating Device: IFID)이다. 명제내용과 IFID를 모두 발화하는 행위를 발화수반행위(illocutionary act)라고 한다.

설(Searle)은 일상언어에 다양한 형식의 IFID가 있고, 이러한 IFID가 명제의 내용에 영향을 미친다고 본다. 예컨대 "나는 ~을 약속한다"고 말하면, 화행의 내용이 미래와 관련되고, "나는 ~을 사과한다"고 말하면, 화행의 내용이 과거와 연관되기 때문이다. 약속을 나타내는 IFID를 사용하기 위한 의미론적 규칙(semantic rules)은 아래와 같다.

- 규칙 ① : 명제내용 규칙(propositional-content rule)이다. 약속을 나타내는 IFID는 화자가 앞으로 수행할 어떤 미래행위를 서술하는 문장의 맥락에서 사용해야 한다는 규칙이다. 조건 ②와 ③을 근거로 도출한 이 규칙을 명제내용 규칙(propositional-content rule)이라고 한다.

- 규칙 ② : 예비적 규칙(preparatory rule)이다. 예비적 규칙은 조건 ④와 ⑤을 근거로 도출한 규칙이다. 조건 ④에서 청자에게 도움이 되는 약속

을 담고 있을 때 약속을 나타내는 IFID를 사용하고, 조건 ⑤에서 노력 없이는 성취하기 어려운 일을 약속했을 때 약속을 나타내는 IFID를 사용해야 한다는 규칙이다. 이 규칙을 예비적 규칙이라고 한다.

- 규칙 ③ : 성실성 규칙(sincerity rule)이다. 성실성 규칙은 약속한 것을 실천에 옮길 의도가 있는 경우에 약속을 나타내는 IFID를 사용해야 한다는 규칙이다. 조건 ⑥을 근거로 도출한 이 규칙을 성실성 규칙 (sincerity rule)이라고 부른다.

- 규칙 ④ : 본질적 규칙(essential rule)이라고 한다. 본질적 규칙은 약속한 사람이 약속한 행동을 수행해야 할 의무감을 가진 경우에 약속을 나타내는 IFID를 사용해야 한다는 규칙이다. 조건 ⑦을 근거로 도출한 이 규칙이 본질적 규칙(essential rule)이다.

이상에서 검토한 명제내용 규칙, 예비적 규칙, 성실성 규칙, 본질적 규칙은 모두 구성적 규칙이라는 점에서는 같으나, 같은 구성적 규칙 중에서도 본질적 규칙이 가장 핵심적이라고 볼 수 있다. 어떤 해설서(Mey, 2001: 101)에서는 이들 규칙 중 본질적 규칙만 구성적 규칙이고, 나머지는 모두 규제적 규칙이라고 하나, 이러한 해설에는 동의하기 어렵다. 운동경기처럼, 언어도 규칙이 지배하는 게임(rule-bound game)과 같아서 언어규칙은 거의 모두가 구성적 규칙이라고 볼 수 있기 때문이다.

그라이스의 함축과 외축

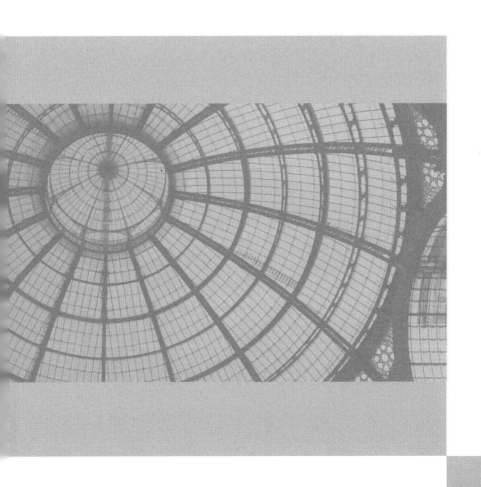

1
대화의 격률

우리는 일상의 대부분을 다른 사람과 정보를 교환하고 대화하며 지낸다. 이는 진정성 있는 대화를 통해 우리 삶의 질을 향상시킬 수 있기도 하지만, 소통과 대화가 없는 삶은 거의 불가능하기 때문이다. 영국의 언어철학자 폴 그라이스(Herbert Paul Grice)는 대화에도 일반적 원칙이 있다고 한다(Grice, 1975). 구체적으로 진정한 대화가 가능하려면 대화 참여자들은 필요하고 참된 정보를 적절하고 분명하게 제시함으로써 최소한 서로 협조를 해야 한다는 것이다. 그라이스는 이를 '협조의 원칙(cooperative principle)'이라고 부른다:

"Make your conversational contribution such as is required, at the stage at which it occurs, by the accepted purpose or direction of the talk exchange in which you are engaged. One might label this the Cooperative Principle" (Grice, 1975 : 45).

즉, 대화가 이루어지는 단계에서 대화의 목적이나 방향에 따라 필요한 만큼 대화에 기여하라는 뜻이다.

이러한 원칙은 정상적인 사람이면 누구나 자신이 참여하는 대화의 목적이나 방향에 합당한 말을 해야 한다는 것이다. 그라이스는 대화의 목적에 맞게 서로 협조하면서 대화할 수 있도록 대화 참여자들이 지켜야 할 규범을 질(quality)의 격률, 양(quantity)의 격률, 관계(relation)의 격률, 태도(manner)의 격률 등 네 가지로 구분하여 제시하면서, 이를 대화의 격률(maxims of conversation)이라고 부른다(Grice, 1975: 46; Mey, 2001: 72-74). 네 가지 격률은 아래와 같다.

- **질의 격률**(maxim of quality)

  틀렸다고 생각하는 것을 말하지 말라(Do not say what you believe to be false).

  적절한 증거가 없는 것을 말하지 말라(Do not say that for which you lack adequate evidence).

- **양의 격률**(maxim of quantity)

  필요한 만큼만 말하라(Make your contribution as informative as required).

  필요 이상으로 말하지 말라(Do not make your contribution more informative than required).

- **관계의 격률**(maxim of relation)

  적절한(관련성 있는) 것만 말해야 한다(Make your contribution relevant).

● **태도의 격률**(maxim of manner)

명료하게 말하라(Be perspicuous, and various maxims such as).

① 모호한 표현을 피하라(Avoid obscurity of expression).

② 중의성을 피하라(Avoid ambiguity).

③ 간결하게 말하라(Be brief).

④ 순서에 맞게 하라(Be orderly).

일상적 대화에서 이러한 대화의 격률이 지켜지는 경우도 있지만, 이러한 격률을 위반하는 경우도 많다. 그라이스는 우리가 실제로 말하는 것(what we say)과 의미하는 것(what we mean)은 다를 수 있고, 말해진 것(what is said)과 함축된 것(what is implicated)이 다를 수 있기 때문에 구별해야 한다고 본다. 그는 전자 못지않게 후자를 중요시한다. 전자는 밖으로 드러난 외축(explicature)이고, 후자는 내면에 깔려 있는 함축(implicature)이다. 두 측면이 모두 중요하지만, 일상적 대화에서도 상황이 다급하거나, 상대편의 체면을 생각해서 바로 말할 수 없는 경우, 아니면 다소 과장된 은유나 환유 같은 비유를 동원해서 소비자로 하여금 구매 충동을 참을 수 없도록 유혹해야 하는 상품 광고의 경우에는 하고 싶은 말을 바로 할 수는 없기 때문에, 화용론에서는 말해진 것보다는 함축된 것을 중요시하고, 외축보다는 함축을 중요시한다.

그라이스는 「논리와 대화(Logic and Conversation)」(1975)라는 논문을 통해 함축에 관한 영향력 있는 설명을 제안함으로써 함축이론으로 가장 유명한 언어학자로 인정받고 있다. 그는 협조의 원칙(cooperative principle)과 대화의 격률(maxims of conversation)을 근거로 해서, 우리가 일상언어를 사용할 때 대화의 격률을 준수함(observing)으로써 함축된 의미를 드러내는 경우와 격률을 위반함(flouting)으로써 함축된 의미를 추론하는 경우를 구분해서 설명한다.

첫째로, 화자가 대화의 격률을 준수(observing)하는 경우, 청자도 화자가 대화의 격률을 준수했다는 상정에 근거해서 추론한 의미를 화자가 실제로 표현한 의미에 부가하면, 화자가 의도했던 부가적 의미가 곧 대화 함축이 된다. 예컨대,

A (차 옆에 서 있는 사람이 행인에게) : 가솔린이 다 됐는데요(I've just run out of petrol)

B (그 승용차 옆을 지나가던 행인) : 바로 저 코너에 주유소가 있어요(Oh, there's a garage just around the corner)

이 대화에서 A는 일단 B가 적절성(관계)의 격률을 준수했다고 상정하는 것이다. 코너의 주유소가 영업 중이라면, B의 대답은 A에게 적절한 것이고, 따라서 "주유소가 지금 영업 중"이라는 대화 함축을 추론할 수 있는 것이다(Levinson, 1983: 104). 다시 말해서, "바로 저 코너에 주유소가 있다"는 것은 B가 말한 내용(what is said)이고, "거기서 가솔린을 넣을 수 있다는 것"은 함축된 내용(what is implicated)이라는 것이다. 결국 그라이스가 가장 관심을 갖는 것은 화자가 겉으로 발화한 표현보다는 그러한 표현의 이면에 화자가 의도하는 함축된 의미가 무엇인가를 밝히는 것이다.

둘째로, 화자가 대화의 격률을 위반(flouting)함으로써 함축된 의미를 드러내는 경우도 있다. 예컨대, 어떤 부부가 아이들과 함께 교외로 드라이브를 하던 중, 남편이 아내에게 아이들이 뭐 좀 먹을 수 있게 하는 것이 어떻겠느냐고 묻고, 아내가 이에 대답하는 경우이다.

A (남편) : 아이들 뭐 좀 먹을 수 있게 해야죠 (Let's get the kids something).
B (아내) : 좋아요, 그러나 나는 I-C-E-C-R-E-A-M-S은 반대예요.
 (Okay, but I veto I-C-E-C-R-E-A-M-S).

여기서 B는 태도의 격률을 의도적으로 위반하면서, 아이스크림 단어를 구성하는 스펠링을 따로 따로 발음함으로써 "ice-creams은 싫다"는 뜻을 A에게는 전달하고, 아이들은 못 알아듣게 한 것이다. 아이들이 알아듣지 못하게 하려는 것이 B의 표현 속에 함축된 의미라 할 수 있다(Levin-son, 1983: 104).

2

함축과 외축

그라이스는 함축이라는 용어를 처음 만들었고, 함축이 추론되는 방법에 관한 이론을 개발한 것으로 유명하다. 그는 1967년에 하버드대학에서 행한 특강(William James Lectures)에서 함축에 관한 자신의 관점을 발표하였다. 이 특강에서 발표한 이론이 「논리와 대화」(1975)라는 논문에 수록되어 있다. 여기서 그라이스는 말해진 것(what is said)과 함축된 것(what is implicated)의 구별을 중요시한다. 발화의 명시적 내용(the explicit content of utterance)과 암시적 의미(the implicit meaning of utterance)를 구별해야 한다는 것이다. 전자를 외축(explicature)이라 부르고, 후자를 함축(implicature)이라고 한다. 말해진 것에 근거해서 함축된 것을 추론하고, 외축에 근거해서 함축(implicature)을 추론할 수 있기 때문에 양자 간의 구별을 중요시하는 것이다.

함축의 사례로 그라이스가 제시한 예문을 보기로 하자. 존스(Jill Jones) 교수(A)는 그의 제자 Dr. Jack Smith(X)가 어떤 대학의 철학 강사 모집에

응모하는 데 필요한 추천서를 작성하였다. 그 내용은 다음과 같다.

My former student, Dr Jack Smith, is polite, punctual and friendly, Yours faithfully, Professor Jill Jones(Grice, 1975 : 52).

이 추천문은 우리가 대화를 할 때 "필요한 만큼만 말하라"는 양의 격률 중 첫째 격률(the first maxim of quantity)을 의도적으로 위반한 글이다. 이 추천문을 본 사람이라면, 누구나 교수 A가 제자 X는 무능한 철학자이고 그래서 그 자리에 적합하지 않다고 판단하는 의미를 전달한다고 추론할 것이다. 교수(A)가 제자(X)를 무능하다고 판단하는 뜻을 어떻게 전달한 것인가? 이 추천서에는 철학 교수 추천서에 꼭 필요한 정보인 철학자로서의 자질에 관한 정보가 없기 때문에, 교수(A)는 "꼭 필요한 만큼 말해야 한다"는 양의 격률을 위반함으로써(flouting of the first maxim of quantity) 자신의 판단을 전달한 것이다. 다시 말해서, 제자(X)가 "공손하고, 시간을 엄수하고 우호적이라"고 말했지만, 철학자로서의 X의 자질에 관한 정보를 빠뜨림으로써 X가 '무능한 철학자'라는 함축된 뜻을 부각시킨 것이다.

함축에는 고정함축(conventional implicature)과 대화함축(conversational implicature)이라는 두 가지 유형의 함축이 있다. 전자는 문장에 사용된 특정 어휘가 갖는 고정된 의미 때문에 나타나는 고정함축이고, 후자는 화자와 청자가 공유하는 대화의 맥락을 근거로 해서 문장 이면의 의미를 추론하는 대화함축이다. 대화함축은 그냥 함축이라고도 부른다.

고정함축(conventional implicature)은 예컨대, 'but'은 항상 대조적 함축이,

'therefore'는 항상 'because of that'의 함축이 있는 것처럼, 맥락과 무관하게 고정된 것이 특징이다.

(예문 1) I love travelling but I don't have enough time.

(예문 2) I was ill last Sunday and therefore I stayed at home.

위의 예문에서, 'but' 뒤에 오는 것은 항상 앞의 것과 대립된 것이고, 'therefore'의 함축은 항상 'because of that'이다. 다시 말해서, 'but'이나 'therefore'에 관습적으로 수반된 함축은 맥락과 무관하게 항상 고정되어 있다.

대화함축(conversational implicature)은 예컨대, 회사 사장이 사무실에 들어와 비서에게 "Why is it so cold here?"라고 했다면, 사무실이 추운 이유를 물어보는 것일 수도 있지만, "추우니 난방을 좀 하라"라는 뜻이 함축되어 있다고 볼 수 있다. 이런 함축은 대화의 맥락을 고려해서 추론해야 한다는 점에서 대화함축이다. 대화함축 혹은 함축은 타인과 대화할 때, 겉으로 표현된 것 이상의 속뜻을 나타내기도 하고 알아듣기도 하는 의사소통의 방법을 뜻한다.

3
비자연적 의미

그라이스는 자연적 의미와 비자연적 의미를 구분한다. 예컨대, 검은 구름은 비를 '의미'한다거나, 이 반점들은 홍역을 '의미'한다고 할 때, '검은 구름'과 '비', '반점'과 '홍역'은 인과적 관계이고, 따라서 이 경우의 '의미'는 화자의 의도와 무관하기 때문에 자연적 의미(natural meaning)라고 한다. 반면에 버스의 벨이 세 번 울린다는 것은 버스가 꽉 찼다는 것을 '의미'한다거나, 스미스가 끊임없는 갈등과 싸움 없이 지날 수 없다는 말은 스미스는 마누라 없으면 안 된다는 것을 '의미'한다고 할 때, 이 경우의 '의미'는 화자들이 참여해서 만든 규약이거나 화자의 의도에 근거한 의미이기 때문에 비자연적 의미(nonnatural meaning) 혹은 meaning-nn이라고 부른다(Levinson, 1983: 16).

비자연적 의미(meaning-nn)인지 아닌지를 검사하는 방법 중에 대표적인 것이 함의 여부를 검토하는 방법이다. 함의(entailment)는 "대통령이 암살당했다"는 말의 타당성은 "대통령이 사망했다"는 말의 타당성을 함의

한다. 함의는 논리적 결과(logical consequence)와 같은 개념이다. 그래서 자연적 의미는 함의가 성립하지만 비자연적 의미는 함의가 성립하지 않는다. 예컨대,

(예문 3) "Those spots mean measles, but he hasn't got measles" is self-contradictory.

(예문 4) "Those three rings on the bell mean that the bus is full, but the bus isn't full" is not self-contradictory.

(예문 3)은 자연적 의미이기에, 홍역에 걸린 것이 논리적 결과이고 함의가 성립하나, (예문 4)는 비자연적 의미이기 때문에, 버스가 만원이 아닌 경우에도 벨이 세 번 울릴 수 있다. 따라서 벨이 세 번 울리는 것이 버스가 만원이라는 것을 필연적으로 함의하지는 않는다. 요컨대, 그라이스는 자연적 의미와 비자연적 의미를 구분하고, 전자보다 후자에 치중함으로써 화자의 의도를 강조하는 의미론(intention-based semantics)을 개발한 것이다.

4
대화함축의 특징

하버드대학에서 행한 윌리엄 제임스 특강(William James Lectures)이 수록된 자신의 논문 「논리와 대화(Logic and conversation)」(1975)의 마지막 부분에서 그라이스는 대화함축의 특징(features of conversational implicature)을 5가지로 요약한다. 대화함축에는 다음과 같은 나름의 고유한 특성이 있다는 것이다(1975: 57-58).

① 취소가능성(cancellability)
② 계산가능성(calculability)
③ 비분리성(non-detachability)
④ 비고정성(non-conventionality)
⑤ 비확정성(indeterminacy)

1) 취소가능성(cancellability or defeasibility)

대화함축은 취소 가능하다. 취소 가능성은 원래의 대화함축에 부가적인 조건을 첨가하여 원래의 대화함축이 전달하는 의미를 취소 혹은 파기하는 것을 뜻한다. 예컨대,

(A) Is Karl a good philosopher?

(B) He's got a beautiful handwriting;

(B') but he's a brilliant philosopher, too!

위의 문답에서 답변 (B)에 "He's got a beautiful handwriting"이라고 명시적으로 말해진 것(what is said)은 그 이면에 그가 유능한 철학자가 아니라는 암시적 의미를 함축한다. 그러나 이러한 원래의 대화함축에 "but he's a brilliant philosopher, too!"라는 부가적 조건(B')을 첨가함으로써 원래의 대화 맥락에 기인된 함축을 취소 혹은 파기할 수 있다는 것이다.

이와 같이 대화함축은 취소할 수 있으나, 고정함축은 취소 불가능하다. 예컨대, 아래의 예문

(1a) John likes Mary too.

(1b) There is someone other than Mary whom John likes.

(1c) *John likes Mary too, but it is not the case that there is someone other than Mary whom John likes.

위의 예문 (1a) 중 'too'를 보면, (1b)가 (1a)의 고정함축임을 알 수 있다. 따라서, (1c)는 비문이 되고, 이는 고정함축은 취소할 수 없다는 것을 뜻한다.

2) 계산가능성(calculability)

대화함축은 계산 가능하다. 대화함축은 문장이나 발화를 통해서 이미 명시적으로 말해진 것(what is said)과 화자가 대화의 격률을 준수(observing the conversational maxims)할 것이라는 청자의 상정 그리고 대화의 맥락에 관한 정보(contextual informations)를 동원하여 계산할 수 있다는 것이다.

대화함축의 가장 중요한 특성은 계산가능성이다. 대화함축은 암시된 것이고 추론될 수 있는 것이기 때문에 합리적으로 계산할 수 있다. 특수한 단어나 구문의 고정된 의미에서 발생하는 함축이 아니기 때문이다. 이와 같이 대화함축은 계산 가능하나, 고정함축은 계산이 불가능하다. 고정함축은 대화의 원칙이나 맥락적 지식으로 얻어지는 것이 아니라, 단어나 구문의 고정된 의미에서 발생하는 함축이기 때문에 별도의 계산을 거치지 않는다고 보아야 한다.

3) 비분리성(non-detachability)

대화함축은 분리가 불가능하다. 대화함축은 언어의 형식에 따라 결정되는 것이 아니라, 의미에 따라 결정되기 때문에, 의미가 같으면 그 의미를 다른 단어로 표현하더라도, 함축에는 변화가 없고, 대화함축을 문장으로부터 분리할 수 없다는 것이다. 다시 말해서 (2a)와 (2b)의 함축은 같은 것이다.

> (2a) There's a convenience store around the corner.
> (2b) You can get bottled water from the convenience store.

고정함축은 분리가 가능하다. 이는 고정함축의 원인이 되는 표현을 빼면, 원래의 고정함축이 없어진다(고정함축이 문장에서 분리된다)는 뜻이다. 예컨대, 아래의 (2c)에서 'too'를 빼면, 'too' 때문에 생기는 고정함축(2d)은 없어진다. 그러나 'too' 이외의 다른 표현들에 의해서 (2c)가 나타내는 의미는 그대로 남아 있게 된다. 이러한 의미에서 고정함축은 분리가 가능하다는 것이다.

> (2c) John likes Mary (too).
> (2d) There is someone other than Mary whom John likes.

4) 비고정성(non-conventionality)

위에서 본 것처럼, 대화함축은 취소할 수 있으나 고정함축은 취소불가능했고, 대화함축은 계산이 가능하나 고정함축은 계산이 불가능했다. 고정함축은 단어나 구문의 특성에 의존하기 때문에 맥락과 무관하게 얻어지는 고정적 의미라 할 수 있다. 그러나 대화함축은 문장이나 발화의 의미, 대화의 격률 그리고 맥락에 관한 정보 등을 동원하여 계산할 수 있는 것이기 때문에 고정적 의미가 아니다. 결국, 비고정성은 대화함축의 중요한 특성에 속한다.

5) 비확정성(indeterminacy)

어떤 발화가 함축하는 것은 그것이 구체적으로 무엇인가를 확정할 수 없다. 이는 그라이스가 집중적으로 연구해온 대화함축의 기본상정이다. 다시 말해서, 우리의 일상언어에는 두 가지 차원인 명시적으로 표현한 의미(what is said)와 암시적으로 함축된 의미(what is implicated)가 있는데, 정작 전달하려는 의미는 명시적 표현 이면에 의도적으로 숨긴 함축이다. 우리 언어능력의 신비는 명시적 표현을 통해서 함축된 의미를 소통할 수 있다는 데 있다. 그러나 함축된 의미는 어디까지나 추정적인 함축(putative implicature)이기 때문에, 이를 우리는 추론해야 하고, 추론적 해석과 설명의 목록은 개방적이다(Grice, 1975: 58).

예컨대, "John is a machine"이라는 문장의 대화함축은 담론의 맥락에 따라 'John은 기계처럼 능률적으로 일을 잘한다'는 뜻일 수도 있고, 'John은 비인간적이다'는 뜻도 가능하고, '그는 결코 지칠 줄 모른다'는 뜻으로도 쓰일 수 있기 때문에 이러한 대화함축의 뜻은 비확정적이고 결정 불가능하다는 것이다. 그러니 고정함축의 의미는 확정적이다. 예컨대, "John is rich but he is unhappy"라는 문장에서 'but'이라는 단어는 대조적인 고정함축을 유발한다. 이처럼 고정함축은 미리 정해져 있다는 점에서 확정적이라 할 수 있으나, 위의 예문을 비롯한 대화함축의 의미는 일반적으로 비확정성(Indeterminacy)이 그 특징이다.

그라이스의 비판적 극복

대화함축에 관한 그라이스의 이론을 비판적으로 수용하는 이론은 크게 두 가지로 요약할 수 있다.

하나는 스퍼버와 윌슨(Sperber & Wilson)의 적합성 이론(Relevance Theory)이고, 다른 하나는 혼(Horn)의 Q & R 원칙이다. 그러나 그라이스 계열은 아니지만 대화함축이 경제성 때문이라기보다는 타인의 체면을 배려하는 윤리성과도 깊은 관련이 있기 때문에, 스퍼버와 윌슨의 적합성 이론과 혼의 Q & R 원칙을 논의한 후, 브라운과 레빈슨(Brown & Levinson)의 공손성 개념을 검토하려고 한다.

1) 스퍼버와 윌슨의 적합성 이론

커뮤니케이션에 대한 그라이스적 접근(Gricean approach)의 가장 고유한 특징은 의미는 일차적으로 심리적 현상이고, 오직 이차적으로만 언어적 현상이라는 주장에 있다. 다시 말해서, 화자의 의미(speaker's meanings)가 기본이고, 문장의 의미(sentence meanings)는 화자가 의미하는 것(what speakers mean)에 근거해서 심리적 혹은 인지적으로 분석할 수 있을 뿐이라는 것이다. 「화자의 의미를 넘어서(Beyond Speaker's Meaning)」(2015)라는 논문에서, 스퍼버와 윌슨(Sperber & Wilson)은 그라이스의 화용론을 비판적으로 극복하려고 노력한다.

넓은 의미에서 화용론에 대한 다른 그라이스적 접근처럼, 스퍼버와 윌슨의 적합성 이론(relevance theory) 혹은 관련성 이론도 커뮤니케이션에 대한 그라이스의 세 가지 상정에서 출발한다. 첫째로, 문장의 의미는 화자의 의미(speaker's meanings)를 전달하는 수단이다. 둘째로, 화자의 의미는 그냥 해석될 수 있는 것이 아니고, 화자의 행동과 맥락정보(contextual information)를 통해 추론되어야 한다. 셋째로, 화자의 의미를 추론함에 있어서, 청자는 의사소통 행위가 어떤 기준에 부합해야 한다는 기대에 충실해야 한다.

화자의 의미를 청자가 추론함에 있어서 의존해야 할 기준을 그라이스는 협조의 원칙(cooperative principle)과 대화의 격률(maxims of conversation)이라고 생각하지만, 스퍼버와 윌슨의 적합성 이론은 최적 적합성(optimal relevance)이 추론의 기준이라고 본다. 적합성 이론의 핵심은 적합성 개념이다. 스퍼버와 윌슨의 적합성 개념 혹은 관련성 개념은 인지적 효과(cognitive effects) 및 정보처리 비용(processing costs)과 관련된 개념이다. 인지적 효과가 크면 클수록 적합성(relevance)이 높고, 이러한 효과를 도출하는 데 필요한 정보처리 노력이 적을수록 적절성은 더욱 높아지는 원리를 최적의

적합성(optimal relevance)이라고 부른다(이성범, 2001 : 251).

그라이스의 경우는 화자의 의미(speaker's meanings)를 청자가 추론함에 있어서 화자가 협조의 원칙과 대화의 격률을 준수하든 위반하든, 일단 화자가 이러한 원칙과 격률을 준수한다는 상정을 토대로 화자의 현시적 표현에 함축된 의미를 추론해야 한다는 것이다. 이와 달리, 스퍼버와 윌슨의 적합성 이론은 인간의 인지(human cognition)는 적합성의 극대화를 추구한다고 본다. 화자의 의도를 청자가 추론할 때도 이러한 인지적 성향을 근거로 추론하게 된다는 것이다.

인지적 관점에서 보면, 커뮤니케이션은 화자가 어떤 정보를 적당한 수단을 통해 청자로 하여금 받아들이게 하는 과정이다. 스퍼버와 윌슨은 부호화하고, 해독(decoding)하고, 해석하고, 추론하는 이러한 과정을 정보처리(information processing) 과정이라 하고, 성공적 의사소통에서 추론이 일어나는 방식을 설명하기 위해 적합성 이론을 제기한다.

첫째, 화자와 청자가 공유하는 상호인지환경(mutual cognitive environment)을 배경으로 추론이 일어나는 것이다. 공통적으로 알고 있는 부분이 있어야 추론이 가능하다는 것이다. 둘째로, 의사소통 행위는 나름대로 적합성이 있을 것이라는 추정하에서 일어난다는 것이다. 인간의 인지는 적합성의 극대화를 추구한다는 것이다. 셋째로, 발화의 적합성(relevance)은 그 발화를 해석하고 처리하기 위한 노력(processing costs)이 적게 들수록 높고, 발화를 듣고 추론하는 과정에서 종래의 인지를 수정하는 이른바 인지적 효과(cognitive effects)가 클수록 높아진다는 것이다.

요컨대, 스퍼버와 윌슨의 적합성 이론이 강조하는 것은 인간의 의사소통은 질적 혹은 양적으로 적합한 것을 추구하고, 발화의 태도나 방법도 적합성을 추구하기 때문에, 그라이스의 네 가지 대화격률은 결국 적합성 원칙(relevance principle)이라고 부르는 하나의 인지적 원칙에 포함된다는 것이다.

2) 혼(Horn)의 Q&R원칙

혼(Laurence R. Horn)의 Q&R원칙은 Q(Quantity)원칙과 R(Relation)원칙을 줄인 말이다. 혼이 보기에, 커뮤니케이션은 상반된 두 가지 요건을 동시에 충족해야 되는 경우가 많다. 하나는 효과적으로 의사소통을 해야 한다는 요건이고, 다른 하나는 노력을 최소화해야 한다는 요건이다. 예컨대, 그라이스의 양의 격률은 필요한 만큼 충분히 말을 해야 한다는 요건과 필요 이상으로 많은 말을 하지 않아야 한다는 상반된 내용으로 구성된 것이다.

로렌스 혼은 질(Quality)의 격률을 제외한 그라이스의 다른 모든 격률은 두 가지 원칙, 즉 Q원칙(Quantity principle)과 R원칙(Relation principle)으로 대체할 수 있다고 본다. 질의 격률을 제외한 그라이스의 다른 모든 격률은 청자 지향적인 Q원리와 화자 지향적인 R원리로 재구성할 수 있다는 것이다. 다시 말해서, Q원칙은 청자가 알아들을 수 있을 만큼 충분히, 그리고 애매하지 않게 말을 해야 한다는 청자 지향적 원칙이다. 따라서 이 원칙은 그라이스의 양의 격률(Be informative)과 태도의 격률(Avoid ambiguity; Avoid obscurity)을 대체한 원칙이다.

한편, R원칙은 화자 지향적 원리이다. 화자는 꼭 필요한 말만, 대화에 적절한 말만, 간결하고 정연하게 말해야 한다는 원칙이다. 청자는 될 수 있는 대로 노력을 적게 들이고 알아들을 수 있도록 충분한 정보가 주어지기를 바라는 청자의 경제성(auditor's economy)을 추구하고, 화자는 될 수 있는 대로 말을 적게 해서 자신의 뜻을 전달하려는 화자의 경제성(speaker's economy)을 추구한다고 할 수 있다. 혼은 의사소통을 화자의 경제성과 청자의 경제성이 상호 작용하여 적절한 균형을 유지하는 과정이라고 보았다.

3) 브라운과 레빈슨의 공손성 개념

『공손성: 언어 사용의 보편성 문제(*Politeness: Some universals in language usage*)』(1987)에서, 브라운과 레빈슨(Brown & Levinson)은 일상적 언어 사용에 있어서, 커뮤니케이션의 효율성을 추구하는 경우도 많지만, 대화의 과정에서 자신의 체면도 중요시하면서 타인의 체면도 배려하는 사람도 많다고 보고, 일상언어의 공손성(politeness) 개념을 제기한 것이다. 비판, 요청, 거절, 사과, 부동의 같은 언어 행위를 수행하려고 할 때, 커뮤니케이션의 효율성보다는 상대편의 체면을 고려하여 공손전략을 채택하는 경향이 있다. 브라운과 레빈슨의 관심은 이러한 공손전략의 채택이 문화권의 차이를 초월한 보편적 현상인가, 아니면 문화권마다 다른가를 양자 택일식으로 가리려는 것이 아니라, 문화권의 차이를 초월한 보편성이 없지는 않다고 상정하고 이러한 공손성의 보편성을 연구하는 데 초점을 맞추고 있다.

브라운과 레빈슨은 우선 체면(face)은 두 가지 종류의 욕망으로 구성된 것으로 본다. 하나는 타인의 인정을 받고자 하는 욕망(the desire to be approved)이고, 다른 하나는 타인의 방해를 받지 않고 자유롭고자 하는 욕망(the desire to be unimpeded)이다. 전자와 같이 욕망에 기인된 체면을 적극적 체면(positive face), 후자와 같이 욕망에 기인된 체면을 소극적 체면(negative face)이라고 부른다(1987: 13). 어떤 행동을 공손한 행동으로 보느냐, 어떤 행동을 체면위협 행동으로 보는가, 누구의 체면을 배려해야 하는가는 문화권에 따라 다를 수 있으나, 브라운과 레빈슨은 인간의 욕망을 인정을 받고자 하는 욕망과 자유롭고자 하는 욕망으로 구분하는 것은 어느 정도 보편적 현상이라는 것이다(1987: 13-14).

적극적 및 소극적 체면을 유지하려는 욕망은 체면위협행위(face-threatening acts: FTAs)의 언어적 실현에 영향을 미친다. 체면의 상호취약성(mutual vulnerability of face)의 맥락에서, 우리는 체면위협행위를 피하려고 노력한다. 그러나 피하는 것이 불가능한 경우에는 여러 가지 수정 전략을 이용해서 체면위협행위의 영향을 최소화하려고 노력한다. 체면위협행위를 수정하는 전략은 적절한 공손성의 유형을 선택하는 전략이고, 브라운과 레빈슨은 체면위협행위(FTA)를 완화시키기 위한 4가지 전략을 제시하였다. ① 노골적 전략(bald-on-record), ② 적극적 공손전략(positive politeness), ③ 소극적 공손전략(negative politeness), 그리고 ④ 간접적 전략(off-record) 등이다. 화자는 FTA가 위협적인 것일수록 보다 높은 번호의 전략을 채택함으로써 위협을 완화시키려 할 것이다(1987: 69). 이들 공손전략의 언어적 실현이 갖는 주요 특징은 다음과 같다.

① **노골적 전략**(bald-on-record strategy)

노골적 전략(bald-on-record)은 체면을 위협할 가능성을 완화하지 않고 노골적(baldly)으로 체면위협행위를 수행하는 것이다. 따라서 가장 직접적이고, 명백하고, 간결한 표현 전략이다. 이 전략은 "효율적 커뮤니케이션"(95)을 성취하기 위한 지침과도 같은 그라이스의 격률에 부합되는 전략이다. 다시 말해서, 우리가 옳다고 믿는 것만 말해야 한다는 질의 격률, 꼭 필요한 것 이상도, 이하도 말하지 않아야 한다는 양의 격률, 적절한 것만 말해야 한다는 적절성 격률, 간결하고 명백하게 말해야 한다는 태도의 격률을 충실히 준수할 때 비로소 효율적 의사소통이 가능하다는 것이다.

② **적극적 공손전략**(positive politeness strategy)

적극적 공손전략(Positive politeness strategy)은 청자의 적극적 체면, 다시 말해서 타자의 승인을 받고자 하는 욕망에 대한 위협을 완화시키는 전략이고, 이는 다음과 같은 3가지 방법으로 요약할 수 있다. 첫째로, 청자와 '공통된 입장'을 강조하는 방법이다. 화자도 청자의 어떤 욕구나 목표에 비상한 관심이 있다는 사실을 강조하거나, 화자와 청자가 모두 같은 욕구나 목표를 공유하는 같은 집단 구성원이라는 사실을 강조하거나, 화자와 청자가 같은 관점을 공유한다는 사실을 강조함으로써 공통된 입장을 부각시킬 수 있다.

③ 소극적 공손전략

소극적 공손전략(negative politeness strategy)은 청자의 소극적 체면, 다시 말해서 타인의 간섭이나 강요를 받기 싫어하고, 행동의 자유를 추구하는 욕망에 대한 위협을 완화시키는 전략이다. 친밀한 행동의 핵심이 적극적 공손전략이라면, 존중하는 행동의 핵심은 소극적 공손전략이라 할 수 있다(1987: 129). 서구문화권에서 공손성은 주로 소극적 공손을 지칭하고 예절 규정의 내용과 같은 것이다.

④ 간접적 전략(off record strategy)

화행을 간접적으로(off record) 수행한다는 것은, 단 하나의 명백한 의도가 아니라, 여러 가지 의도로 해석될 수밖에 없도록 말하는 것을 뜻한다. 화자가 특정 FTA를 수행하면서도 그 책임을 회피하려고 하면, 화행을 간접적으로 수행하여 청자 나름으로 화행의 의미를 해석하게 하는 것이다. 따라서 간접적 화행(off-record speech act)은 본질적으로 언어의 간접적 용법과 다를 바 없다. 'Off record' 개념은 단순히 간접적 형식만을 지칭하는 것이 아니라, "맥락에 부합되는" 언어적 전략이라고 할 수 있다. 은유(metaphor), 풍자(irony), 억제된 표현, 수사학적 질문(rhetorical questions) 등은 모두 off-record utterance의 대표적 사례들이다.

브라운과 레빈슨은 FTA의 심각성을 계산할 수 있는 다음과 같은 공식을 제시하였다: $\langle W_x = D\ (S,H) + P(H,S) + R_x \rangle$. 특정 FTA의 심각성($W_x$: weightiness)은 그 행위($x$)가 화자 혹은 청자의 체면을 위협하는지에 따라서

제9장 그라이스의 함축과 외축

달라지기 때문에 계산이 용이하지 않다. 사과(apologies)나 고백(confessions)은 화자의 체면을 위협하고, 충고(advice)나 지시(orders)는 청자의 체면을 위협하고, 요청(requests)과 제안(offers)은 양쪽 모두의 체면을 위협한다. 그러나 특정 FTA의 심각성이 평가되는 방법은 위협받는 것이 화자의 체면이든 청자의 체면이든 관계없이 중립적이고, 그래서 결국 특정 FTA의 심각성(Wx)은 3가지 요인, 즉 화자와 청자 간의 사회적 거리(D), 화자에게 행사할 수 있는 청자의 상대적 권력(P), 특정 문화권에서 특정 FTA가 갖는 강요의 본질적 심각성(Rx)에 근거하여 평가할 수 있다는 것이다.

● 국내문헌

박승혁, 「Chomsky의 "언어"와 "문법"」, *Studies in Modern Grammar*, 31, 2002, pp.25~46.

신동일, 「언어학적 전환, 비판적 언어학 전통 그리고 비판적 담론연구의 출현」, 『질적 탐구』 4(3), 2018, pp.1~42.

안정오, 「텍스트언어학과 인접 학문」, 『한국학연구』 23, 2005, pp.73~94.

이기형, 「담론분석과 담론의 정치학: 푸코의 작업과 비판적 담론분석을 중심으로」, 『언론과 사회』 14(3), 2006, pp.106~145.

Jacob L. Mey, 『화용론 개관(*Pragmatics: An Introduction*)』, 이성범 역, 한신문화사, 2007.

이성범, 『추론의 화용론』, 한국문화사, 2001

이원표, 『한국정치담화의 언어학적 분석: 비평적 담화분석의 관점을 중심으로』, 한국문화사, 2015

● 외국문헌

Alba-Juez, Laura, *Perspectives on discourse analysis: Theory and practice*, Cambridge Scholars Pub, 2009.

Alvarez, E. L., "Performative speech act verbs in present day English", *Interlinguis-*

tica, 16(2), 2005, pp.685~702.

Almeda-Hernandez, A., "SFL and CDA: Contributions of the analysis of transivity system in the study of the discursive construction of national identity", *The Linguistic Journal*, 2014, 3(3), Retrieved from http://www.linguistics-journal .com/2014/01/07/sfl-and-cda.

Araki, Naoki, "Saussure and Chomsky: Langue and I-language", *Bull. Hiroshima Inst. Research* Vol. 49, 2015, pp.1~11.

Austin, J. L., *How to Do Things with Words*, Oxford: Oxford University Press, 1962.

Barman, B., "The linguistic philosophy of Noam Chomsky", *Philosophy and Progress*, LI-LII, 2012, pp.103~122.

Beaugrade, R. A. and W. U. Dressler, *Introduction to text linguistics*, London: Longman, 1981.

Beaugrande, R., *Texts, discourse, and process*, Norwood, NJ: Ablex, 1980.

Best, S. and D. Kellner, *Postmodern theory: Critical interrogations*, New York: The Guilford Press, 1991.

Biletzki, A., "Ludwig Wittgenstein", Stanford Encyclopedia of Philosophy, Stanford University, 2018.

Brown, G. and G. Yule, *Discourse analysis*, Cambridge University Press, 1983.

Bublitz, W., "Cohesion and coherence", Zienkowski, J., Ostman, J-O. Verschueren, J.(ed.) *Discursive Pragmatics*, John Benjamins Pub, 2011.

Cameron, Deborah, *Working with Spoken Discourse*, Sage Publications, 2001.

Carey, Rosalind, *Bertrand Russell: Metaphysics*, Internet Encyclopedia of Philosophy, 2019.

Carrell, P. L., "Cohesion is not coherence", *TESOL Quarterly*, 16(4), 1982, pp.479~488.

Chimombo, M. P. F. and Roseberry, R. L., *The power of discourse: An introduction to discourse analysis*, Lawrence Erlbaum Publishers, 1998.

Cordeiro, C. M., "Using systemic functional linguistics as method in identifying semiogenic strategies in intercultural communication", *Journal of Intercultural Communication Research*, 47(3), 2018, pp.207~225.

Daneš, F., "Functional sentence perspective and the organisation of the text", F. Daneš(Ed.), *Papers on functional sentence perspective*, Prague: Academia, 1974, pp.106~128.

Derrida, J. *Speech and phenomena*, Northwestern University Press, 1973.

Fairclough, N., *Language and power*, New York: Longman, 1989.

──────, *Media discourse*, London: Arnold, 1995.

──────, *Analyzing discourse: Textual analysis for social research*, London: Routledge, 2003.

Fairclough, N. and Wodak R., "Critical discourse analysis", T. van Dijk(ed.), *Discourse Studies: A Multidisciplinary Introduction*, Volume 2, London: Sage, 1997, pp.258~284.

Forey, G., *Aspects of theme and their role in workplace texts*, Unpublished Ph.D. thesis, University of Glasgow, Glasgow, 2002.

Foucault, M., *The archaeology of knowledge and the discourse of language*(The order of discourse), New York: Pantheon Books, 1972.

──────, *The order of things*, Vintage Books, 1973.

──────, *Discipline and punish*, Vintage Books, 1979.

──────, *Power/knowledge, Selected interviews and other writings(1972-77)*, New York: Pantheon Books, 1980.

Fowler, R., *Language in the News: Discourse and ideology in the press*, London: Routledge, 1991.

Fulcher, G., "Cohesion and coherence in theory and reading research", *Journal of Research in Reading*, 12(2), 1989, pp.146~163.

Garfinkel, Harold, *Studies in Ethnomethodology*, Englewood Cliffs, New Jersey: Prentice-Hall, Inc., 1967.

Gier, N. F., "Wittgenstein and Forms of Life," *Philosophy of the Social Science*, Vol. 10, 1980, pp.241~258.

Goffman, Erving., *The Presentation of Self in Everyday Life*, New York: Doubleday, 1959.

——, *Interaction Ritual: Essays on Face-to-Face Behavior*, Garden City, NY: Anchor Books, 1967.

Grice, P., "Meaning", *The Philosophical Review*, Vol.66, No.3, 1957, pp.377~388.

——, "Logic and conversation", Cole, P. and Morgan, J. L.(eds.), *Syntax and Semantics, 3: Speech Acts*. New york: Academic Press, 1975.

Hacker, P. M. S., "Forms of life," *Nordic Wittgenstein Review*, Special Issue, 2015.

Hall, S., Foucault: Power, knowledge and discourse, in Wetherell, Taylor and Yates (eds.). *Discourse theory and practice: A reader*, London: Sage, 2001.

Halliday, M., *An Introduction to Functional Grammar*(3rd Revised by Matthiessen, C.M.I.M(ed.)). London: Hodder Arnold, 2004.

Halliday, M. and Hasan, R., *Cohesion in English*, London: Longman, 1976.

Harris, Zellig, "Discourse analysis", *Language*, 28, 1952, pp.1~30.

Heritage, John, *Garfinkel and ethnomethodology*, Cambridge: Polity Press, 1984.

——, "Language and Social Institutions: A Conversation Analytic View", *Journal of Foreign Languages*, 36(4), 2013, pp.2~27.

Hobbs, Jerry R., "Why is Discourse Coherent?", Technical Note 176, *SRI International*, 333 Ravenswood Ave. Menlo Park, CA, 1978, pp.1~26.

——, "On the Coherence and Structure of Discourse", Technical Report 85~37, *Center for the Study of Language and Information(CSLI)*, Stanford, CA. 1985, pp.1~35.

Hoey, E. M. and Kendrick, K. H., "Conversation Analysis", A. M. B. de Groot and P. Hagoort(eds.), *Research Methods in Psycholinguistics: A Practical Guide*. Wiley Blackwell, 2018.

Jorgensen, M. and Phillups, L., *Discourse Analysis as Theory and Method*, London: Sage Publications[2-Laclau & Mouffe's discourse theory; 3-CDA; 4-Discursive psychology], 2002.

Laclau, E. and Mouffe, C., *Hegemony and socialist strategy: Towards a radical democratic politics*, London: Verso, 1985/2001.(this second edition first published by Verso 2001).

Levinson, S. C., *Pragmatics*, Cambridge: Cambridge University Press, 1983.

Lévi-Strauss, C., *Structural anthropology*. New York: Doubleday Anchor Books, 1963.

Mackillop, E., How do empty signifiers lose credibility? *Critical Policy Studies*, 12(2), 2018, pp.187~208.

Malcolm, N., "Wittgenstein, Ludwig J. J.", *The Encyclopedia of Philosophy*, Vol 8, New York: Macmillan, 1967, pp.327~340.

Mann, William C. and Christian M. I. M. Matthiessen, "Functions of language In two frameworks", *Word*, 42:3, 1991, pp.231~249.

Mann, William C. and Sandra A. Thompson, "Relational propositions in discourse", *Discourse Processes*, 9(1), 1986, pp.57~90.

McGinn, M., *Wittgenstein and the philosophical investigations*, Routledge, 1997.

Mey, J. L., *Pragmatics:An introduction*, Oxford: Blackwell Publishers, 2001.

Moore, A. W., "On saying and showing", *Philosophy*, 62, 1987, pp.473~497.

Mouffe, C., *The return of the political*, London: Verso, 1997.

————, *The democratic paradox*, London: Verso, 2000.

————, *On the political: Thinking in action*, London: Routledge, 2005.

Mualem, S., "What can be shown cannot be said: Wittgenstein's doctrine of showing and Borges "he Aleph" ", *Variaciones Borges*, 13, 2002, pp.41~56.

Parker, I., "Discourse: definitions and contradictions", *Philosophical Psychology*, 3(2), 1990, pp.189~204.

Pillet-Shore, D., "Preference organization", Jon Nussbaum(Editor-in-Chief),

Oxford Research Encyclopedia of Communication. Oxford: Oxford University Press, 2017. http://communication.oxfordre.com/

Placani, A., "Constitutive and regulative rules: A dispute and a resolution", *Phenomenology and Mind*, n.13, 2017, pp.56~62.

Reisigl, M. and R. Wodak, "The discourse-historical approach(DHA)", *The Routledge Handbook of Critical Discourse Studies*, London: Routledge, 2017.

Rosa, R. N., "Thematic progression as a means to keep cohesion in exposition text", 2009. http://rusdinoor.wordpress.com/2009/12/12/thematic progression

Russell, Bertrand, "The philosophy of logical atomism: Lecture 1: Facts and propositions", *the Monist*, 28, 1918, pp.495~509.

Sacks, H., Schegloff, E. A. and Jefferson, G., "A simplest systematics for the organization of turn-taking for conversation". *Language*, 50(4), 1974, pp.696~735.

Sanders, T., Spooren, W. and Noordman, L., "Toward a Taxonomy of Coherence Relations", *Discourse Processes*, 15, 1992, pp.1~35.

——————————————————, "Coherence Relations in a Cognitive Theory of Discourse Presentation", *Cognitive Linguistics*, 1993, pp.51~77.

Sanders, T. and Spooren, W., "Text representation as an interface between language and its users", Sanders, T., Schilperoord, J. and Spooren, W., *Text representation: Linguistic and psycholinguistic aspects*, Amsterdam: Benjamins, 2001.

Saussure, F. de., *Course in general linguistics*. New York: McGraw-Hill, 1959.

Schegloff, Emanuel A., "Sequencing in conversational openings", *American Anthropoogy*, 70(6), 1968, pp.1075~1095.

——————————, *Sequence organization in interaction*, Cambridge: Cambridge University Press, 2006.

담론분석과 담론연구

Schiffrin, Deborah, *Approaches to discourse*, Oxford: Blackwell, 1994.

Scholman, M., Evers–Vermeul, J. and Sanders, T., "A Step–wise Approach to Discourse Annotation: Towards a Reliable Categorization of Coherence Relations", *Dialogue & Discourse*, 7(2): 2016, pp.1~28.

Searle, J. R., "How to Derive Ought from Is", *The Philosophical Review*, 73, 1964. pp.43~58,

──────, "Austin on Locutionary and Illocutionary Acts", *The Philosophical Review*, 77(4), 1968, pp.405~424.

Searle, J. R., *Speech Acts: An Essay in the philosophy of language*, Cambridge Univ. Press, 1969.

──────, *The Construction of Social Reality*, London: Allen Lane, 1995.

──────, *Mind, Language and Society. Philosophy in the Real World*, New York: Basic Books, 1998.

──────, "Constitutive Rules", *Argumenta*, 4: 1, 2018, pp.51~54.

Seedhouse, P., "Conversation analysis and language learning", *Language Teaching*, 38(4), 2005, pp.165~187.

Sidnell, J., *Conversation Analysis: An introduction*, West Sussex, UK: WileyBlackwell, 2016.

Smith, A. M., *Laclau and Mouffe: The radical democratic imaginary*, London and New York: Routledge, 1998.

Sperber, D. and Wilson, D., "Beyond speaker's meaning", *Croatian Journal of Philosophy*, 15: 44, 2015, pp.117~149.

Spooren W. and Sanders T., "The Acquisition Order of Coherence Relations: On Cognitive Complexity in Discourse", *Journal of Pragmatics*, 40, 2008, pp.2003~2026.

Stubbs, M., *Discourse analysis: Sociolinguistic analysis of natural language*, Oxford: Blackwell, 1983.

Taboada, M. and W. C. Mann, "Rhetorical structure theory: looking back and moving ahead", *Discourse Studies*, 8(3), 2006, pp.423~459.

Tincheva, N., *Text structure: A window into discourse, context and mind*, Polis Pub, 2015.

Tonner, P., "Wittgenstein on Forms of Life: A short introduction", *Electronic Journal for Philosophy*, Vol. 24(1), 2017, pp.13~18.

Townshend, J., "Laclau & Mouffe's hegemonic project: The story so far", *Political Studies*, Vol. 52, 2004, pp.269~288.

Uebel, Thomas, *Vienna Circle, in Stanford Encyclopedia of Philosophy*, Stanford University, 2020.

Van Dijk, T. A., "Principles of critical discourse analysis", *Disourse and Society*, 4: 1993, pp.249~283.

───────────, "Critical discourse analysis and conversation analysis." *Discourse &Society*, 10(4), 1999.

───────────, "From text grammar to critical discourse analysis: A brief academic autobiography", 2004. Retrieved from http://www.discourses.org/ From text grammar to critical discourse analysis.html

───────────, "Critical discourse studies: A sociocognitive approach", R. Wodak & Meyer, M.(eds), *Methods of critical discourse analysis*, London: Sage, 2009.

Van Dijk, T. and W. Kintsch, *Strategies of discourse comprehension*, New York: Academic Press, 1983.

Wang, Y. and Guo, M., "A short analysis of discourse coherence", *Journal of Language Teaching and Research*, 5(2), 2014, pp.460~465.

Wetherell, M., Taylor, S. and S. J. Yates, *Discourse theory and practice: A reader*, London: Sage, 2001.

Wilson, D., "Relevance theory", *Oxford Handbook of Pragmatics*, Oxford University Press, 2016.

Witte, S. P. and L. Faigley, "Coherence, cohesion, and writing quality", *College*

Composition and Communication, 32: 4, 1981, pp.189~204.

Wodak, R., *Disorders of discourse*, London: Longman, 1996.

——————, "Discourse-historical approach", R. Wodak and M. Meyer(eds.), *Methods of Critical Disocurse Analysis*, London: Sage, 2001, pp.63~94.

——————, "Critical discourse analysis, Discourse-historical approach", *The International Encyclopedia of Language and Social Interaction*, John Wiley & Sons, 2015.

Wodak, R. and Meyer, M., "Critical discourse analysis: History, agenda, theory, and methodology", R. Wodak and Meyer, M.(eds), *Methods of Critical Disocurse Analysis*, 2nd edition, London: Sage, 2009, pp.1~33.

Wooffitt, R., *Conversation analysis and discourse analysis: A comparative and critical introduction*, London: Sage Publications, 2005.

찾아보기

용어

인명

도서